인공지능 시대의
비즈니스 전략

인공지능 시대의 비즈니스 전략

누가 AI 환경을 지배할 것인가!

정도희 지음

더퀘스트

서문

인공지능 in 비즈니스

인공지능보다
더 중요한 것

A라는 신용카드사에는 부실채권 문제가 있다. 매달 부실채권이 발생하는데 그중 일부는 악성 채권이어서 끝내 회수하지 못하기도 한다. 갑자기 사정이 생겨서 연체하는 고객이 아니라, 처음부터 결제할 생각 없이 신용카드를 사기에 이용하는 사람들이 있기 때문이다. 이를 위해 수년 전부터 사기 거래 적발 시스템fraud detection system을 개발하여 운영하고 있다. 적발된 사기 거래 신용카드는 사용을 정지시켜 악성 채권 발생을 줄인다. 여기에는 사내 채권관리팀과 IT팀을 비롯한 여러 관계 부서가 참여하며, 외주 개발사의 전문 인력도 함께하고 있다.

먼저 해당 분야를 잘 아는 여러 전문가들이 저마다의 경험을 바탕으로 사기 거래 탐지 로직을 만들어 시스템에 반영했다expert system(전문가 시스템). 그리고 데이터를 분석하여 악성 부실채권은 특이한 거래 패턴을 보인다는 것을 발견했다data mining(데이터 마이닝). 이를 규칙화하여 시스템으로 만들었다rule based system(규칙 기반 시스템). 그런데 사기 적발 시스템에 규칙이 적용되면 금융 사기꾼들은 시스템의 탐지 규칙이 무엇인지 알아내어 탐지 규칙을 회피하는 방법을 또다시 찾아낸다. 그래서 회사에서는 지속적으로 새로운 탐지 규칙을 만들어 추가해야 한다. 물고 물리는 로직 싸움이 계속되는 것이다.

이 방법이 그나마 효과를 거두고 있기 때문에, A사에서는 이제

이 일에 관련된 여러 부서의 사람들을 모아 별도의 독립된 팀을 만들려고 한다. 회사 차원에서 더 힘을 실어주려는 것이다. 관련 인력도 많이 늘리고, 새 팀을 이끌 팀장도 인선했다. 임원 인사와 조직 개편에도 영향이 있었다. 외주 개발사에서도 탐지 시스템 업그레이드 계획을 제시했고, A사는 이를 받아들였다. 조직도 새로 생겼고 예산도 확보했고 모든 것이 잘 돌아가고 있다.

그런데 이때 새로운 상황이 발생한다. 얼마 전에 사내에 새로 생겼다는 데이터 사이언스팀에서 찾아와 이상한 얘기를 한다. 자신들이 머신러닝 기반으로 새로운 사기 거래 탐지 방법을 개발했는데, 이 방법을 사용하면 사기 거래를 지금보다 훨씬 빠르게 훨씬 큰 규모로 탐지할 수 있다고 한다. 기존의 방법은 패턴을 찾기 위해 몇 회 이상 카드를 사용해야 탐지할 수 있었는데, 새로운 방법은 카드 사용을 단 한 번도 하지 않은 상태에서 이미 사기 의도로 만든 카드임을 95퍼센트 이상의 확률로 찾을 수 있다고 한다. 단 한 번의 카드 사용만 발생해도 그 즉시 99퍼센트 이상의 확률로 의도적 사기 거래용 카드임을 판별할 수 있다고 한다. 또한 이 방법에 따르면 지금까지 알고 있던 악성 채권의 규모는 실제의 30퍼센트에 지나지 않고 숨어 있는 규모가 더 많다고 한다. 더구나 계속 진화하는 금융 사기꾼들의 기법에 대응하기 위해 꾸준히 계속해야 하는 규칙 업데이트도 필요 없다. 사기꾼들이 어떻게 행동을 해도 계속 자동으로 탐지를 해낸다. 모든 탐지는 실시간으로 이루어지며, 운영 시스템에 머신러닝 알고리즘만 적용하면 바로 사용 가능하다. 자세히 검토하고 테스트를 해보니 데이터 사이언스팀의 말은 모두 사실이었다.

여기까지의 이야기가 해외 사례 뉴스였다면, '이렇게 해서 A 신용카드사는 훨씬 더 적은 비용으로 훨씬 더 많은 사기 거래를 탐지해서 모두가 행복했다'라고 끝났을 것이다. 그리고 인공지능, 머신러닝, 빅데이터 활용의 좋은 사례라며 국내 여러 매체에 오르내렸을 것이다. 실제로 이와 비슷한 이야기가 많이 있다.

하지만 우리의 현실은 그렇게 간단하고 아름답지 않다. 현실에서는 여기서부터 시작이다. 데이터 사이언스팀의 새로운 방법이 적용되기까지는 아주 많은 난관이 남아 있다. 그 일들을 해결하는 데 걸리는 시간과 에너지는 저 멋진 새로운 탐지 기법을 만드는 데 소요된 시간과 에너지의 10배 이상일 것이다. 그렇게 해서라도 적용되면 다행이지만 이 새로운 방법은 적용되지 못하고 사장될 가능성도 크다.

기존의 사기 거래 적발 담당자들 입장에서 이 새로운 기법은 어떻게 다가올까? 두 손 들어 환영할 일일까? 오히려 그 반대다. 그동안 열심히 규칙 기반 시스템을 개발하고 운영하던 사람들 입장에서는 수년간의 노력과 수고가 송두리째 부정당하는 것처럼 느껴질 것이다. 아무리 좋은 방법인들 무슨 소용인가. 새로 꾸려지고 있던 부서의 팀원, 팀장, 임원 입장에서는 한순간에 내 업무와 내 자리가 사라지게 생겼는데 말이다. 수년간 기존 시스템의 개발과 운영을 대행해왔고, 내년에는 A사를 통한 매출이 크게 증가할 예정이었던 외주 개발사 입장도

난처해졌다.

그래서 기존에 사기 적발 업무에 관여했던 사람들은 새 탐지 방법을 부정하기 시작한다. 여러 이유들로 적용이 계속 미루어진다. 채권관리팀은 효과만 좋으면 그만이니 아무거나 좋다는 입장인 반면, 분석과 규칙 개발과 IT를 담당하던 부서가 곤란해진 상황이기에 주로 그들을 중심으로 반격이 시작된다. 가장 흔한 반격은 증명 요구이다. 엄청난 수준의 효과 증명이 데이터 사이언스팀에게 요구된다. 생각할 수 있는 모든 경우의 수가 동원되어 단 하나의 약점이라도 찾아내려 한다. 그런데 이때의 증명 요구 사항은 기존의 인간 경험 및 규칙에 기반을 둔 것이기에 새 기법에는 별로 의미가 없다. 새 기법은 이미 그런 것들을 모두 뛰어넘는 다른 논리로 만들어진 것이고, 탐지 범위와 속도에서 차원을 달리한다. 하지만 그런 것들은 다 소용없다. 어쨌든 기존 체계 안에서 만들어진 기준들을 단 하나라도 만족시키지 않는다면 새 기법은 모두 부정당한다. 설사 이 과정을 잘 넘어간다고 해도 다음이 또 있다. 새로운 기법은 현실과 동떨어진 것이고, 실제 사업 현장을 알지 못하는 데이터상의 얘기일 뿐이라는 공격이 남아 있다. 기존의 사람들은 지엽적인 이야기 한두 가지를 계속 반복하면서 현장의 상황을 잘 알지도 못한 채 개발된 방법을 사용할 수 없다고 주장한다.

데이터 사이언스팀이 조직 상층부로부터 강한 지원을 받지 못한다면, 이런저런 이유들로 적용은 계속 지연되고 시간만 흘러간다. 그 사이에 원래의 조직, 운영, 예산, 외주 계약 등은 계획대로 진행된다. 이렇게 6개월, 1년, 2년 시간은 흘러간다. 데이터 사이언스팀의 직원들은 이직할 수 있는 다른 회사들도 많기에 회사를 떠난다. 경영진은 인공지능이니 데이터니 중요하다고 해서 전문 조직까지 만들었는데 변한 것은 별로 없다며 실망한다.

　　뉴스에는 이런 일들이 나오지 않는다. 하지만 실제로 벌어지는 일들이다. A 신용카드사는 가상의 회사지만, 지금까지의 내용은 아무렇게나 꾸며낸 이야기가 아니고 여러 산업 분야, 여러 기업들의 실무 현장에서 벌어지는 머신러닝 적용의 실제 상황들을 일반화하여 재구성한 것이다. 보통은 인공지능 기술만 도입하면 기업의 여러 문제들이 해결되고 새로운 비즈니스 모델이 만들어지고 기업이 성장할 수 있을 것이라고 기대한다. 기술이 중요하다고 생각하는 것이다. 하지만 절대로 그렇지 않다. 그보다는 전체 최적화, 조직 간 조율, 목표 관리, 커뮤니케이션, 평가 그리고 이 모든 것을 아우르는 방향과 문화가 훨씬 더 중요하다. 인공지능으로 인한 혁명적 변화의 시기에 기업의 성패는 기업의 구성원 모두가 이 사실을 얼마나 제대로 이해하고 행동하느냐에 달려 있다.

　　A 신용카드사 이야기에서 기존의 규칙 기반 시스템을 운영하던 사람들이 잘못한 것인가? 회사를 우선으로 하지 않고 이기적인 행동을 하는 나쁜 사람들인가? 과연 그렇게 말할 수 있을까? 그들은 그들의 일을 열심히 했을 뿐이고, 자신의 삶을 위해 자신의 자리를 지키기 위한 당연한 행동을 한 것이다. 만약 문제의 원인을 그들로 본다면 완

전한 진단 실패다. 그것은 겉으로 보이는 표피적 현상에 불과한 것이다. 그들이 그렇게 생각하고 행동하도록 만든 조직 자체가 근본적 문제인 것이다.

관점의 변화가
반드시 필요하다

최근 많은 기업들이 '딥러닝으로 무엇인가 해보자'거나 '빅데이터를 기반으로 신규 사업을 만들자'와 같은 말들을 많이 한다. 그런 논의의 주인공들은 인공지능, 머신러닝, 딥러닝, 빅데이터, 데이터 사이언스 등이다. 그런데 이것은 마치 건물을 지으려 하는데 어떤 건물을 지을 것인가에 대한 생각은 별로 하지 않고, 새로 나온 망치와 톱에 대해서만 열심히 얘기하는 것과 같다. 심지어 새로 나온 망치와 톱이 어떤 기능을 가지고 있는지 도구의 성질도 제대로 알지 못하면서 그저 요즘 유행하니 한번 써보려고 하는 경우도 많다. 도구의 사용법을 잘 모르니 잘못된 사용을 하고, 기능의 백 분의 일도 경험하지 못하고 실망한다.

　　일이 잘 진척되지 않으니 문제의 원인을 찾는데, 보통은 기술이 문제라고 생각한다. '우리도 구글의 딥러닝 기술만 있다면', '우리도 넷플릭스의 추천 솔루션만 있다면', '우리도 훌륭한 머신러닝 전문가들만 있다면' 하는 식이다. 그렇게만 된다면 문제가 다 해결되고 새로운 수익 창출의 길이 열릴 것이라고 기대한다. 하지만 그런 기대를 가지고 있는 기업에게 내일부터 당장 구글의 모든 기술을 다 쓸 수 있게 해준다거나, 세계 최고 머신러닝 전문가들 300명이 일하게 한다고 해도 달라지는 것은 아무것도 없다. 기업 문화, 의사결정 구조, 일하는 방식 등 조직의 다른 것들을 바꾸지 않는다면 말이다. 인공지능과 데이터를 잘 활용하려면 그동안 당연하게 여겼던 일하는 방식과 생각을 바꾸어야 한다. 업무 프로세스와 조직 구조도 변화시켜야 한다. 다른 것들은 그대로 두면서 인공지능과 데이터 기술만 적용하면 문제가 해결되고 기업이 성장할 것이라는 생각은 헛된 망상일 뿐이다.

왜 그럴까? 인공지능은 독특한 성격을 가진 도구이기 때문이다. 인간이 만들어낸 과거의 모든 도구는 그 활용의 중심에 인간이 있었고, 인간의 생각과 판단 범위 안에서 사용되었다. 그런데 인공지능은 인간 두뇌의 한계를 뛰어넘기 위한 도구다. 인류가 산업혁명 이후 기계를 이용해서 인간 근육의 한계를 뛰어넘어 발전했듯이, 이제는 인공지능을 이용해서 인간 두뇌의 한계를 넘어서려 하는 것이다. 그래서 기존처럼 인간의 생각과 판단 범위 안에서만 인공지능을 사용하면 인공지능 본래의 기능을 결코 다 발휘할 수가 없다.

그런데 기업의 역사 이래, 아니 인류의 역사 이래 인간이 어떤 일을 할 때 모든 일은 당연히 인간의 두뇌 범위 안에서 이루어졌다. 그래서 이 인간 두뇌 중심의 사고를 벗어나기가 참 어렵다. 기계와 힘 경쟁을 하지 않고 인간에게 유용하게 잘 사용해왔듯이, 이제 인공지능에게 인간 두뇌보다 더 잘 하는 일들을 맡기고 인간은 더 가치 있는 일들을 해야 하는데, 아직은 그것이 어려운 것이다. 예를 들어, 아직도 '데이터를 활용한다는 것은 인간이 데이터를 열심히 분석하여 인사이트를 얻고 이를 의사결정에 사용하는 것이다' 같은 구시대적 개념에 갇혀 있다. 인간과는 비교할 수도 없을 만큼 데이터 분석을 잘하는 인공지능을 만들어놓고, 아직도 인간이 직접 인간의 부족한 계산과 인지 능력 범위 안에서 열심히 데이터 분석을 하려 한다. 이는 마치 시속 400킬로미터로 달릴 수 자동차를 만들어놓고서 인간이 그 앞에서 시속 4킬로미터로 걸어가며 길을 안내하는 것과 같다.

인공지능의 진짜 의미

인공지능이 말은 거창해도 사실은 우리에게 아주 익숙한 '어떤 것'일 뿐이다. 그 어떤 것이 과거 수십 년간의 축적된 기술을 바탕으로 최근에 급속하게 발전하면서 강력해진 것이다. 그 어떤 것은 바로 '컴퓨터'이다. 컴퓨터가 차원이 다르게 강력해져서 그 쓰임새가 많이 달라지고 있으니 그저 인공지능이라고 다르게 부르는 것일 뿐이다. 그런데 지금의 인공지능은 1950년대부터 열심히 개발해오던 이전 세대들의 인공지능과는 다르다. 과거의 인공지능은 컴퓨터에게 일일이, 구체적으로 지식을 다 입력해서 어떻게 행동하라고 미리 프로그래밍을 하려고 했던 것인데 기대만큼의 큰 성과를 거두지 못했다. 최근에 인공지능이 주목받는 것은, 발전된 기술을 바탕으로 데이터를 통해 컴퓨터가 스스로 처리하는 영역을 넓혔기 때문이다. 따라서 그냥 컴퓨터라기보다 '데이터를 잘 처리하는 컴퓨터'라고 하면 더 정확하겠다.

인공지능은 그저 우리가 쓰던 컴퓨터이고 데이터인데, 이것을 새로운 기법으로 다르게 써서 과거에는 불가능했던 것을 할 수 있게 된 것일 뿐이다. 다시 말해, 인공지능이란 강력한 컴퓨팅 기술을 바탕으로 한 새로운 데이터 활용법인 것이다. 인공지능은 무슨 인격체 같은 것이 절대로 아니다. 영화 속의 로봇 비슷한 것을 인공지능이라고 생각하면 비즈니스 활용법을 찾기 어렵다. 인공지능의 활용이라는 말을 즉각 '데이터의 활용'이라고 인식해야 활용의 실마리를 찾을 수 있다.

그런데 많은 경우에 데이터 활용이라고 하면 반사적으로 '데이터 분석'이 떠오른다. 데이터 활용이 곧 데이터 분석인 것처럼 인식하는 것이다. 데이터 분석이라고 하면 또 자연스럽게 데이터 분석을 통해 얻게 된 인사이트나 분석 리포트를 생각한다. 이렇게 데이터를 분석해서 숨겨진 인사이트를 찾아내 의사결정에 활용한다는 식의 접근은, 여기서 얘기하는 진정한 의미의 데이터 활용과는 다르다. 그러한 방식은 데이터 활용의 일부에 불과하다. 특히 우리 기업 환경에서는 데이터를 기반으로 의사결정을 하는 경우보다는 먼저 의사결정을 내려놓고 근거 자료를 마련하기 위해 데이터 분석을 사용하는 경우가 많다. 그래서 분석 리포트가 어떤 가치를 생산하는 결과로 이어지는 경우는 극히 드물다.

데이터 활용에는 세 가지 측면이 있다. 첫째, 앞서 얘기한 것처럼 전통적 의미로서 데이터 분석을 통한 인사이트 발굴 및 의사결정에의 활용이다. 둘째, 기존의 데이터를 사용해서 새로운 가치가 더해진 데이터value-added data를 만들어내는 것이다. 2장에서 살펴볼 머신러닝으로 만드는 '예측 확률값'처럼 전에 없던 가치 데이터를 만들어내는 것이다. 인간의 능력 범위에 제한을 받는 분석 리포트보다는 이와 같은 가치 데이터의 생산이 훨씬 더 중요하고 의미 있는 데이터 활용이다. 셋째, 이러한 새로운 가치 데이터를 바탕으로 비즈니스적으로 의미 있는 변화를 만들어내는 것이다. 데이터를 이용해서 기존의 업무와 프로세스를 변경하여 매출 증대, 비용 절감, 효율 증대 등의 변화를 만들어내는 것이야말로 진정한 의미의 데이터 활용이다. 즉, 데이터를 통해 어떤 변화가 생겨야 한다. 데이터를 활용한다고 하는데 별다른 변화가 없다면, 아무런 의미가 없는 것이다.

인공지능 시대에
나는 어떻게 해야 하나

1990년대 후반의 인터넷처럼, 2000년대 후반의 모바일처럼, 2010년대 후반은 인공지능이 가장 큰 화두이다. 인터넷이나 모바일과 마찬가지로 인공지능은 일시적으로 잠깐 지나갈 유행이 아니다. 앞선 변화들보다 훨씬 더 중요하고 큰 변화일 것이다. 우리의 삶과 비즈니스의 모든 분야에 영향을 주게 될 메가트렌드이다. 하지만 아직 많은 사람들이 인공지능에 대해 피상적으로 이해하거나 오해하고 있고, 기업들은 당장 무엇을 어떻게 해야 할지 방향을 잡지 못하고 혼돈 속에 있다.

인공지능은 처음부터 명확하게 정해진 일관된 길을 따라 개발된 것이 아니다. 아직 학술적으로 그리고 상식적으로 견고한 정의조차 없다. 그래서 사람마다 가지고 있는 인식의 차이가 크다. 일부는 인공지능에 대해 필요 이상의 불편함이나 공포를 느끼기도 한다. 인공지능 안의 특정한 분야가 그 전부인 듯 오해하기도 한다. 가장 큰 문제는 아직 도구로서의 인공지능에 대한 인식이 대중적으로 널리 확산되지 못했다는 점이다.

인공지능의 하위 요소 중 가장 중요하며 그 자체로 혁신적인 도구가 될 머신러닝도 마찬가지다. 머신러닝은 자주 언급되는 것에 비해 아직 그 실체에 대한 전반적인 이해가 부족하다. 어떤 경우에는 머신러닝만 도입하면 무슨 일이든 다 해결할 수 있을 것이라는 기대를 가지면서도 정작 머신러닝에 필수적인 데이터 관리에 대한 관심은 별로 없다. 머신러닝이 실제화될 수 있는 근간인 빅데이터는 그 진정한 의미와 다르게 아직까지도 그저 SNSSocial Network Service상의 텍스트를 분석하는 것 정도로 오인되고 있다.

구글, 페이스북, 아마존, 애플 등 해외 유명 기업들의 인공지능 서비스 사례가 매일같이 들려온다. 인간의 말을 제법 잘 알아듣고 대답도 하는 서비스들도 이젠 쉽게 접할 수 있다. 그래서 많은 경우에 그것이 인공지능이라고 생각한다. 과연 그럴까? 그런 기업들은 자신들의 제품을 많이 팔기 위해, 그리고 자신들의 서비스에 우리를 더 많은 시간 동안 묶어놓기 위한 수단으로 인공지능을 이용하는 것뿐이다. 그렇게 하기 위해 일반 대중에게 쉽게 다가갈 수 있는 형태로 개발한 것이다. 그런 거대 기업들의 인공지능 서비스만을 인공지능의 전부라고 생각하면 나 개인이 할 수 있는 것이 없다. 그러면 그런 기업들의 행태를 속수무책으로 바라보며, 이제 기계가 인간을 지배하게 된다느니, 기계가 인간의 일자리를 다 뺏어간다느니 하는 내 삶에 별로 도움이 되지 않는 생각이나 하게 될 뿐이다.

구글 등이 하는 것은 '인공지능 제품과 서비스'이다. 그것은 그들의 사업이다. 내가 어떤 걱정을 하건, 열심히 지켜보거나 지켜보지 않건 어차피 그들은 자신들의 일을 열심히 할 것이다. 그러니 그들은 그들의 게임을 하라고 내버려 두고, 이제부터 나는 나의 게임을 시작하자. 나의 게임은 인공지능 제품과 서비스가 아니라, '인공지능을 활용하여 기존의 내 일을 효율화하는 것'이다. 인공지능 활용은 전에 없던 새로운 로봇 같은 것을 만드는 것이 아니다. 지금까지 계속해온 나의 일들을 인공지능 기술을 써서 더 효율적으로 바꾸는 것이 바로 인공지능의 활용인 것이다. 그것이 내가 할 수 있는 일이고, 꼭 해야 하는 일이며,

그 누구보다 오직 나만이 가장 잘할 수 있는 일이기도 하다.

뜬구름 잡는 얘기들은 이제 그만해야 한다. 바른 이해와 고민 없이 해외에서 들려오는 멋진 사례만 이야기하고 있어서는 안 된다. 안타깝게도 많은 기업 현장에서 그런 피상적인 정보들이 올바른 길로 나가는 것을 오히려 방해하기도 한다. 그런 사례도 두 발을 땅에 단단하게 붙이고 내 앞의 현실을 똑바로 직시한 상태에서 제대로 판단하며 들어야 한다. 그렇지 않으면 본질을 제대로 이해할 수 없다.

그리고 혹시 아직도 인공지능이 인류를 지배하면 어떻게 하냐는 생각을 하고 있다면 당장 순진한 영화적 관점에서 벗어나 현실 세계로 나오길 바란다. 현실의 인공지능을 직접 만져본 적도 없고, 실제 업무에 인공지능을 접목해본 적도 없는 사람들이 어설픈 이해로 하는 말들에 현혹되어서는 안 된다. 혹시라도 인공지능 없이는 인간이 살 수 없게 되는 종속성을 지배라고 돌려 표현하는 것이라면, 18세기 이후 인간은 내연기관의 지배를 받고 있는 것이며, 전기 상용화 이후로는 전기의 지배를 받고 있는 것이고, 이미 1970년대부터 컴퓨터 없이는 살 수가 없으니 컴퓨터의 지배를 받고 있는 것인가? 모두가 다 도구일 뿐이다. 인공지능은 인간을 지배하지 않는다. 우리는 인공지능과 경쟁하지도 않는다. 우리는 오직 인공지능을 선제적으로 잘 활용하는 다른 인간들과 경쟁할 뿐이다.

이제 당장의 비즈니스와 오늘의 실무 속에서 무엇을 어떻게 해야 할지 현실적이고 실질적인 얘기를 하자. 인공지능으로 인한 새로운 시대는 이미 시작되었다. 이 흐름은 바꿀 수도 없고 그렇게 가지 않겠다고 선택할 수도 없다. 이럴 때는 상황을 먼저 제대로 이해하고 잘 활용하는 쪽이 살아남을 뿐이다.

그렇다면 이 인공지능의 시대에 나 개인 입장에서는 어떻게 해야 하는 것일까? 내가 어떤 산업 분야에서 어떤 직종의 일을 하고 있든 한 가지는 분명해지는 것 같다. 주어진 일들을 비판적 사고 없이 그저 열심히만 한다면 나는 인공지능으로 대체될 가능성이 커진다. '이런 일은 기계가 할 수 없다'고 쉽게 단정하지 말기 바란다. 보통 인공지능의 고성능에만 주목하는데, 사실 더 주목해야 할 부분은 바로 인공지능의 범용성이다. 2장과 3장에서 살펴보겠지만 인공지능은 강하기도 하지만, 동시에 매우 범용적인 도구이기 때문에 데이터만 있다면 인간이 하는 일의 아주 많은 부분에 활용할 수 있다.

그래서 앞으로는 두 가지 유망한 길이 있을 것이다. 첫 번째 길은 인공지능 그 자체와 연관된 일을 하는 것이다. 인공지능 개발, 데이터 사이언스, 데이터 엔지니어링 등의 일은 앞으로 엄청나게 성장할 것이다. 그런데 이 길은 아무래도 기술의 영역이다. 모든 사람이 그런 일을 할 수도 없고 할 필요도 없다. 예를 들어, 내가 그런 기술 분야는 전혀 모르고 지금 제조업체에서 생산 분야 경력 10년 차라면, 또는 내가 어려서부터 이과 분야는 싫어했고 지금은 마케팅 분야에서 즐겁게 일한 지 20년째이고 앞으로도 계속 이 일을 하고 싶다면, 굳이 첫 번째 길을 가야 할 이유는 전혀 없다. 그리고 사실 첫 번째 길은 두 번째 길보다 규모도 작다. 두 번째 길이야말로 훨씬 더 많은 사람들에게 더 현실적이고 더 유망하다. 그것은 바로 인공지능을 활용하여 기존의 일을 효율적으로 바꾸는 일을 주도하는 길이다. 그 길은 무궁무진하며 한계도 없고 더 많은 기회를 내포하고 있다.

과거 인터넷 시대로 비유하자면 첫 번째 길은 웹개발자, 웹디자이너 등 직접적인 인터넷 분야의 일을 하는 것과 유사하다. 두 번째 길은 제조, 유통, 서비스, 교육 등 어떤 분야의 일을 하든 기존의 일에 인터넷을 접목하여 기존 일을 효율화시키고 새로운 사업을 만들었던 것과 유사하다. 인공지능 시대도 마찬가지다. 내가 직접 다 만들 필요 없이, 남이 만들어놓은 것을 잘 써서 내 경쟁력을 높이면 되는 것이다. 다시 말하지만 인공지능은 인간과 비슷한 어떤 것이 아니다. 내연기관, 자동차, 컴퓨터, 인터넷 등과 같은 범용 기술일 뿐이다. 결국 내가 할 일은 나 자신의 분야에서 기존의 사고방식과 관습을 벗어나 인공지능 기술을 활용하여 용기 있게 새로운 시도를 해보며 멋진 결과를 만들어내는 것이다.

인공지능 활용에 필요한 세 가지

이 책은 인공지능을 일상의 현실과 업무 속에 집어넣는 것을 목적으로 한다. 인공지능을 제대로 활용하기 위해서는 다음의 세 가지가 반드시 필요하다.

- **이해**: 인공지능을 제대로 활용하기 위해서는 인공지능으로 대표되는 데이터 활용 기술이 무엇이고 어떤 특징이 있는지 이해해야 한다. 인공지능을 직접 만들거나 데이터를 직접 다루지 않더라도 최소한의 기술 개념은 이해해야 한다. 개념 이해를 해야 어떤 분야에 어떻게 활용할지 알 수 있고, 잘 활용하기 위해 어떤 일을 어떻게 해야 할지 알 수 있으며, 올바른 관점을 가지고 올바른 판단을 할 수 있다.

- **변화**: 인공지능은 그동안 인류가 만든 도구와는 다른 성격을 가지고 있기 때문에 기존의 체계를 바꾸지 않고서는 제대로 활용할 수 없다. 그래서 새로운 관점으로 얼마나 변화 관리를 잘 수행할 수 있느냐가 가장 중요하다. 사고방식, 기술 활용 방식, 조직 관리, 의사결정, 프로세스, 계획 수립 방식, 성공과 실패에 대한 인식 등 여러 측면에서 변화가 반드시 필요하다.

- **실행**: 인공지능과 데이터를 잘 활용하기 위해서는 필수적으로 거쳐야 할 단계들이 있다. 변화를 위해 하향식top-down과 상향식bottom-up을 유기적으로 조화시켜야 한다. 큰 방향은 강하게 유지하고 하위 레벨에서는 유연하게 자주 전환해야 한다. 어떤 일들은 과감히 빠르게, 어떤 일들은 긴 호흡을 가지고 꾸준히 해야 한다. 기존에는 경험하지 못한 여러 새로운 문제들을 많이 만나고 이를 해결하면서 인공지능과 데이

터 활용 능력을 키워야 한다.

이 책의 1부가 '이해'를 담고 있다. 일반 대중 대상의 쉬운 개념 설명이다. 관련 분야 전문 지식이 전혀 없어도 인공지능, 머신러닝 등이 무엇인지 그 개념을 쉽고 빠르고 재미있게 이해할 수 있을 것이다. 최근 몇 년간 머신러닝, 빅데이터 등이 워낙 많이 언급되었기 때문에 많은 사람들이 그런 말들에 익숙해져 있다. 하지만 그러한 익숙함과 활용을 위해 제대로 이해하고 있다는 것은 다르다. 부족한 이해로 어설프게 만들어진 선입관을 버리고, 인공지능과 머신러닝 등이 어떤 의미를 가진 도구인지 제대로 이해해야 한다. 1부에서는 인공지능의 업무 적용 방식에는 어떤 것들이 있는지, 어떤 분야에 어떻게 쓸 수 있는지 살펴볼 것이다. 인공지능의 비즈니스 활용에 관심 있는 분들은 물론, 그런 것에는 크게 관심이 없지만 그냥 인공지능이 무엇인지 정도는 알고 싶어 하는 사람들에게도 큰 도움이 될 것이다.

2부는 조직의 '변화'에 대한 내용이다. 인공지능과 데이터라는 도구를 효과적으로 사용하기 위해 왜 변화를 해야 하는지, 어떻게 관점을 바꾸어야 하는지, 리더십이 어떻게 변해야 하는지, 일하는 방식을 어떻게 바꾸어야 하는지 알아볼 것이다. 왜 계획을 잘 수립하면 오히려 일이 안 되는지, 왜 실패가 좋은 것인지, 왜 조직 내의 갈등과 잡음이 좋은 신호인지, 왜 인사 평가 방식을 바꾸어야 하는지 등도 살펴볼 것이다. 4차 산업혁명 등의 트렌드를 다루는 책이나 인공지능 관련 기술을 다루는 책 그리고 여러 가지 사례 소개 위주의 책들은 많이 있다. 하지만 이 책의 2부와 같이 인공지능의 실무 적용에 필수적인 '조직의 변화 관리'를 현실적인 측면에서 다루는 책은 거의 없다. 특히 기업의 임원을 비롯한 리더들은 2부부터 먼저 읽기를 강력히 권한다. 인공지능 활용의 성패는 조직을 어떻게 관리하느냐에 달려 있기에 가장 중요한 부분이다.

3부는 실질적인 '실행'이다. 인공지능과 데이터를 잘 활용하기 위해 거쳐야 할 필수적인 단계들을 논할 것이다. 전문가 조직을 어떻게 구성해야 하는지를 포함하여 머신러닝 상시 운영 등에 대한 실무적인 내용이다. 대부분의 기업은 머신러닝과 같은 고급 데이터 활용 이전에, 기본적인 데이터 분석부터 절실한 상황이다. 이를 위해 데이터 분석의 종류와 데이터 분석을 할 때 주의해야 할 점과 같은 일반적인 얘기도 할 것이다. 실무에서 도움이 될 만한 현실적인 도움과 힌트를 얻을 수 있을 것이다.

앞에서도 잠깐 언급했듯이, 이 책은 반드시 처음부터 순서대로 읽지 않아도 된다. 목차를 보고 관심이 가는 부분부터 먼저 읽어도 상관없다. 예를 들어, 기본적인 지식은 이미 가지고 있으니 그보다는 당장 어디서부터 어떤 일을 시작해야 할지 실질적인 내용이 궁금하다면, 현실적인 팁을 많이 담고 있는 '8장 데이터 활용의 단계'부터 읽으면 된다.

인공지능 기술 발전 속도가 너무나 빠르기 때문에 몇 년이 지나면 이 책의 일부 내용, 예를 들면 기술 개념 소개와 같은 부분은 지나간 얘기가 될 수도 있다. 그러나 오랜 시간 동안 변하지 않을 것도 있다. 그것은 환경 변화에 맞추어 도전을 적극적으로 수용하고 스스로를 변화시키는 사람과 기업만이 경쟁력을 가질 수 있다는 이 책의 핵심 사상이다.

컴퓨터와 데이터 활용 기술이 크게 변하고 있다. 기술 변화로 인해 산업과 우리의 삶도 크게 변할 것이다. 매우 급격하게 그리고 근본적으로 많은 것들이 변하고 있어서 이 변화를 '혁명'이라는 말로 표현하고 있다. 이 중요한 혁명적 변화 속에서 멋진 기회를 찾는 데 이 책이 도움이 되길 바란다.

정도희

서문 **인공지능 in 비즈니스**

1부 | 도구의 이해

1장 **인공지능이란 무엇인가**

7장 일하는 방식의 변화

3부 | 실질적 실행

8장 데이터 활용의 단계

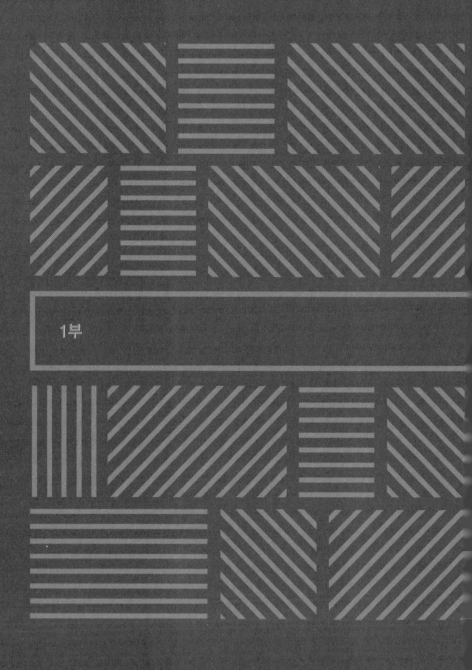

1부

도구의 이해

A   I

1장   **인공지능이란 무엇인가**

in business

명확한 정의가 없는
인공지능

인공지능이란 무엇인가? 깔끔하게 잘 정의된 문장으로 답하기는 어렵다. 인공지능에 대한 견고한 정의 자체가 없기 때문이다. 어느 부분을 더 중점적으로 보는지에 따라 아래와 같이 다양한 정의들이 산재되어 있을 뿐이다(Stuart Russell & Peter Norvig, Artificial Intelligence: A Modern Approach, 2010).

- 인간적 사고 중심 정의

  인간처럼 사고하는 인공물이라는 것에 초점을 둔 정의이다.

  "컴퓨터가 생각하게 하는 시도 / 마음을 가진 기계"(Haugeland, 1985)

  "인간의 사고, 의사결정, 문제풀기, 학습 등의 활동에 연관시킬 수 있는 활동들의 자동화"(Bellman, 1978)

- 인간적 행위 중심 정의

  인간처럼 행동하는 인공물이라는 것에 초점을 둔 정의이다.

  "인간이 지능적으로 수행해야 하는 기능을 수행하는 기계의 제작 기술"(Kurzweil, 1990)

  "현재로서는 인간이 더 잘하는 것들을 컴퓨터가 하게 만드는 방법에 대한 연구"(Rich & Knight, 1991)

- 합리적 사고 중심 정의

  논리적이고 합리적인 사고라는 것에 초점을 둔 정의이다.

  "계산 모형을 이용한 정신 능력 연구"(Charniak & McDermott, 1985)

  "인지와 추론, 행위를 가능하게 하는 계산의 연구"(Winston, 1992)

- 합리적 행위 중심 정의

  이상적인 성과, 합리성에 초점을 둔 정의이다.

  "지능적 에이전트의 설계에 관한 연구"(Poole 외, 1998)

  "인공물의 지능적 행동에 관련된 것"(Nilsson, 1998)

게다가 최근의 인공지능은 여러 분야들이 교차되며 빠른 속도로 발전하고 있어서 그 모습이 계속 변하고 있다. 따라서 당분간은 학계에서도 완전한 정의를 할 수 없을 것으로 보인다. 인공지능의 활용 관점에서는 이러한 점, 즉 정확하게 정립된 인공지능 정의가 없다는 사실에 더 주목해야 한다. 대중적으로 합의된 인공지능 정의가 없으니 사람마다 각자의 배경 지식과 경험에 따라 인공지능을 서로 다르게 생각한다. 이런 다양한 시각들을 크게 부정적인 시각과 긍정적인 시각으로 나눌 수 있다.

먼저 인공지능에 대한 부정적인 시각을 살펴보자. 그중 한 가지는 인간과 기계의 대결로 받아들이는 경우다. 수많은 인공지능 관련 기사들, 그 기사들에 달리는 댓글, 인공지능에 대해 나누는 대화들, 인공지능 관련 책들을 살펴보면 상당 부분 인간과 기계의 대결 구도를 논리의 근간으로 하고 있다. 기계가 인간의 일자리를 뺏어간다는 염려가 대표적인 반응이다. 막연한 불안과 공포를 느끼기도 한다. 일반 대중의 입장에서 인공지능이란 수십 년간 수많은 영화와 소설에서 반복해서 접한 것이 전부였다. 그래서 잘못된 판단을 하고 감정도 없이 인간을 공격하는 어떤 강력한 존재라는 선입견이 생겼다. 그러니 어느 순간 기계가 인간의 통제를 벗어나고 기계가 인간을 지배할지 모른다는 두려움을 느끼는 것은 자연스러운 현상일 수 있다.

통제의 문제를 걱정하기도 한다. 자의식을 가진 강력한 인공지능이 인간을 지배한다는 영화적 관점까지는 아니더라도 과연 이 강력한 것을 인간이 잘 다룰 수 있을지 염려하는 것이다. 인공지능이 너무 많이 고도화되어서 인간이 스스로 만든 기술을 이해하지 못하고 기계의 발전을 인간이 따라잡지 못하게 되는 시점, 즉 기술적 특이점 technological singularity이 온다는 주장도 있다(이 용어는 1993년에 버너 빈지 Vernor Vinge가 처음 사용했으며, 레이 커즈와일Ray Kurzweil의 저서 《특이점이 온다》를 통해 널리 알려졌다). 인공지능을 잘 통제할 수 있는 방법을 마련하기 전까지는 인공지능에 대한 연구를 제한해야 한다는 의견도 있다.

많은 경우에 이런 부정적인 시각에서의 인공지능은 특정한 문제만 잘 해결하는 것이 아니라 인간처럼 여러 가지 일들을 두루두루 할 수 있는 강인공지능strong artificial intelligence에, 스스로를 인식하는 자각력까지 더해진 인공지능이다. 말 그대로 '인간과 같은 어떤 것'이다.

이렇게 인공지능을 인간과 비슷하지만 훨씬 더 강력한 어떤 것으로 본다면 불안과 공포와 통제의 문제를 먼저 떠올릴 수 있다.

다음으로 인공지능에 대한 긍정적인 시각을 살펴보자. 인공지능은 인간의 도구라는 생각이다. 인공지능이 기존에 하기 어려웠던 여러 가지 일들을 쉽게 할 수 있게 해주며 이를 통해 우리 삶의 많은 부분들이 편리하고 윤택해질 것이라는 생각이다. 이때의 인공지능은 약인공지능weak artificial intelligence을 의미할 때가 많다. 약인공지능의 길은 인간과 같은 어떤 것을 만든다든지, 스스로를 인식하는 자의식 같은 것에는 관심이 없다. 인간이 편리하게 활용하는 '도구로서의 기계'를 만드는 것이 주목적이다. 자동차가 인간보다 빠르다고 해서 두려움에 떠는 것이 아니라 빠르게 이동하는 도구로 사용하는 것과 마찬가지로 인공지능을 받아들인다. 언젠가 초지능을 가진 강인공지능이 출현할 수도 있겠지만 빠른 시간 안에 출현하지는 않을 것이고, 그러면 그 시간 동안 인공지능을 외면하지 말고 도구로서 잘 사용해서 계속 유용한 도구로 발전시키자는 생각이다. 이런 시각은 종종 인공지능에 대한 과도한 기대를 낳기도 한다. 단편적으로 보이는 인공지능의 강력한 성능만을 보고 무작정 어떤 일이든 다 해결해줄 것이라는 막연한 기대를 하는 것이다.

인공지능을 이렇게 다르게 인식하는 데는 앞서 언급한 대로 확실한 정의가 없다는 이유도 있고, 인공지능이 발전하면서 그 모습 자체가 계속 변하고 있다는 이유도 있다. 또, 이런 변화의 속도가 일반 대중이 쉽게 따라가기 어려울 만큼 너무 빠르다는 이유도 있을 것이다.

어떻게
받아들여야 하나

그렇다면 인공지능을 어떻게 받아들여야 하나? 결론부터 말하자면, 긍정적으로 받아들여야 한다. 인공지능은 유용한 도구다. 18세기 산업혁명 이후 인간이 기계를 활용하여 인간 육체의 한계를 넘어섰듯이, 이제 인공지능을 활용하여 인간 두뇌의 한계를 넘어서려 하는 것이다. 그럼 인공지능에 대한 경계와 부정적인 생각은 의미 없는 것인가? 그렇지 않다. 인공지능의 윤리를 비롯해서 앞으로 해결해야 할 문제들이 많다. 통제의 위험에 대한 염려는 중요하다. 이렇게 새로운 기술을 위험으로 받아들이는 염려가 실제로 그런 위험이 오지 않도록 막아주기 때문이다. 그런 걱정들이 기술 개발과 활용이 인간에게 유리한 방향으로 발전되도록 해준다.

지금의 상황은 과거 산업혁명 초기와 매우 유사하다. 새로운 기술에 대한 대중적 오해, 막연한 두려움, 어디에 어떻게 써야 할지 잘 모르는 무지, 사용에 적합한 제반 환경이 뒷받침되지 못한 현실, 그래서 활용 분야와 그 활용 사례도 아직 풍부하지 않은 상태, 일자리 감소에 대한 불안 등이 비슷하게 전개 중이다. 과거 산업혁명의 진행 과정으로 미루어 짐작한다면 상황은 앞으로 이렇게 될 것이다. 인공지능 관련 기술이 대중 상식화될 것이다. 그로 인해 막연한 두려움은 사라질 것이다. 새로운 기술을 어떻게 통제해야 할지 건설적인 고민을 통해 적절한 통제 방법을 만들 것이다. 다양한 분야에서 다양한 활용 시도가 생길 것이다. 인식, 조직문화, 제도, 법 등의 여러 제반 환경이 정비될 것이다. 산업과 인류 전반에 일반적으로 널리 활용될 것이다. 인간이 직접 하는 것이 더 이상 효율적이지 않은 많은 직업들이 사라질 것이다. 기존에는 존재하지 않았던 새로운 직업들이 많이 생기면서 일자리의 총량은 기존보다 더욱 늘어날 것이다. 혁명적인 산업 재편 과정을 거치며 산업 전체의 크기는 과거보다 훨씬 더 커질 것이다.

인공지능이라는 도구는 그 강력한 유용성으로 인해 인류 전체에 영향을 줄 것이고, 사용하지 않겠다고 선택할 수도 없다. 자동차가 싫다고 해서 자동차를 사용하지 않을 수는 없다. 설사 자동차를 전혀 사용하지 않는 사람이 있다고 해도 자동차로 인한 문명에 아무런 영향을 받지 않을 수는 없다. 컴퓨터나 인터넷으로도 비슷한 비유를 할 수 있을 것이다. 이러한 메가트렌드는 그것이 옳건 그르건, 어떤 특정 개인이나 집단이 찬성하거나 반대하거나 관계없이 한 방향으로 진행될 수밖에 없다. 그래서 국면의 전환 과정에서 개별적으로 보면 좋지 않은 일들이 있기도 하고 저항이 있기도 했다. 19세기 초반 영국에서도 일시적 일자리 감소가 나타났고, 이로 인해 러다이트 운동luddite movement이라는 사회 운동이 있었다. 기계 파괴 운동이라고도 하는데,

생산성 높은 기계에 일자리를 빼앗긴 수공업자들이 기계를 파괴하며 저항한 운동이었다. 그렇지만 오래지 않아 경기가 좋아지고 대규모 공업이 발전하면서 기계 파괴 운동은 없어졌다.

인공지능 역시 마찬가지다. 이런 종류의 흐름은 반대하거나 저항하기보다 도구로서의 성질을 빨리 이해하고 활용하는 편이 좋다. 인간은 인공지능과 경쟁하는 것이 아니다. 인공지능을 사용하는 다른 인간들과 경쟁하는 것이다. 막연한 부정적 시각은 그런 시각을 가지고 있는 개인과 조직에 해롭다. 특히 기업 경영 측면에서는 경쟁력 확보를 위한 인공지능 활용 방안을 깊이 고민하고 빨리 시도해야 한다. 현재 많은 기업들이 인공지능에 대해 취하고 있는 지켜보기 전략은 위험하다. 인공지능을 먼저 활용할 경쟁자들에게 뒤처질 것이기 때문이다. 어떤 종류의 산업이든 인공지능의 활용은 선택의 문제가 아니라 필수이다.

인공지능의 올바른 활용을 위해서는 인공지능에 대한 피상적이고 막연한 이해보다는 한 단계 더 깊은 이해가 필요하다. 무엇부터 시작해야 할까? 인공지능을 활용하려는 관점에서는 인공지능의 학술적 정의나 단편적인 사례보다 더 중요한 것이 있다. 그것은 인공지능을 이루고 있는 구성 요소를 이해하는 것이다.

인공지능의
구성 요소

경영학은 수학이나 철학처럼 역사가 오래된 학문이 아니다. 18세기 산업혁명 이후에 그 전과는 다른 새로운 형태의 산업과 경제가 생긴 이후에 체계화된 학문이다. 경영학은 과거부터 별도로 존재하던 개별적인 분야들을 하나의 체계로 묶어 구성됐다. 그래서 경영학 안에는 전략, 조직, 생산, 마케팅, 재무, 회계, 경영정보시스템 등이 공존한다. 이런 경영학의 각 분야들은 근본적으로 서로 이질적이다. 예를 들어, 회계는 기원전 4000년경의 유적에서도 발견될 만큼 오랜 역사를 가지고 별도로 발전한 분야다. 경영정보시스템은 컴퓨터가 생기고 한참 지난 이후에야 경영학에 편입되었다. 경영 조직도 나름의 역사 속에서 심리학 등의 다른 분야를 기업 경영 중심으로 발전시킨 분야다. 이렇게 원래는 이질적인 각 분야들이 경영학이라는 하나의 큰 틀 안에서 발전하며 기업이라는 공통 요소로 서로 통하게 됐다.

여기서 경영학을 언급한 이유는 현재의 인공지능이 이 경영학의 구조와 유사하기 때문이다. 경영학이 처음부터 지금의 구조대로 설계된 것이 아니고 발전하면서 여러 분야가 합쳐졌듯이, 인공지능도 시작부터 일관되게 지금의 형태로 설계되어 발전된 것이 아니다. 처음부터 인공지능이라는 이름 아래에 있던 것도 있지만, 따로 있다가 최근에 인공지능이라는 큰 틀 안으로 통합되는 것들도 있다. 구성 체계 역시 아직 확고하게 정리된 것은 아니기 때문에 여러 기준에 따라 다양하다. 여기서는 인공지능의 구성 요소 중 대표적인 분야 몇 가지만 간략히 소개한다.

● **머신러닝**machine learning

컴퓨터가 데이터를 통해 스스로 학습하는 것처럼 하는 기술.

인공지능에서 가장 중요한 분야이다. 최근 매우 빠른 속도로 발전하고 있다. 그대로 번역하여 기계학습이라고도 한다. 머신러닝은 아주 중요하므로 뒤에서 별도의 장으로 자세히 살펴본다.

● **자연어 처리**natural language processing

컴퓨터가 인간의 언어를 처리하는 기술.

컴퓨터 세계의 언어는 프로그래밍 언어이고, 그런 언어가 아닌 인간의 언어를 처리한다고 하여 자연어 처리라고 한다. 컴퓨터가 인간의 언어를 이해하는 것처럼 처리하고, 또 인간이 이해할 수 있는 언어로 표현하는 기술이다. 검색엔진, 번역, SNS 텍스트 분석 등에 이미 많이 쓰이고 있어서 다른 분야에 비해 익숙하다. 특히 최근에는 음성 언어 처리 기술이 급속도로 발전하고 있어서, 사람에게 말하듯이 말을 하면 알아듣고 적절한 답을 해주는 제품과 서비스가 많이 상용화되고 있다. 대중이 인공지능을 피부로 느낄 수 있게 해주는 요소이다.

● 컴퓨터 감각computer sensing

컴퓨터가 시각, 청각, 후각, 미각, 촉각 등 인간의 감각을 처리하는 기술. 시각을 주제로 하는 것은 컴퓨터 비전computer vision이라고 한다. 머신 러닝을 사용해서 크게 발전하고 있는 이미지 인식image recognition 같은 것이 이 분야에 속한다. 인간의 말소리 처리를 주제로 하는 음성 인식speech recognition 등 여러 감각들을 다룬다.

● 자동 추론automated reasoning

컴퓨터가 데이터를 기반으로 질문에 답하고 새로운 결론을 도출하는 기술.

● 지식 표현knowledge representation

컴퓨터에 저장되어 있는 데이터를 인간이 이해할 수 있는 지식 형태로 나타나게 하는 기술.

이 외에도 인지 컴퓨팅cognitive computing, 패턴 인식pattern recognition, 지능 엔진intelligent agent 등의 기술 요소로 나누기도 한다. 로봇 공학robot engineering을 그 안에 넣는 분류도 있다. 로봇 공학은 물체를 조작하고 스스로를 움직이게 하는 분야로서, 이미 수십 년 동안 각종 산업 분야에서 사용되며 발전해오고 있었는데 인공지능의 다른 분야들과 결합하면서 새로운 발전 단계를 맞이하고 있다. 최근 인공지능과 로봇이라는 말이 혼용되고 있지만 엄밀하게 구분하면 인공지능과 로봇은 다르다. 인공지능의 입장에서는 로봇이 하위 개념일 수 있고, 로봇 입장에서는 인공지능을 로봇에 탑재해야 하므로 그 반대로 볼 수도 있겠다.

인공지능 안의 여러 다른 기술 요소들은 각각 개별적으로 발전해왔으며 그 발전 수준과 발전 속도도 서로 다르다. 그러면서 서로 많은 영향을 주고받고 있다. 예를 들어, 컴퓨터가 그림을 인식하는 등의 컴퓨터 감각 분야는 머신러닝을 그 근간으로 발전하고 있다. 어떤 특정 요소가 다른 요소의 하위로 편입되기도 한다.

중요한 것은 인공지능을 어렴풋이 뭉뚱그려서 인식하면 안 되고, 분리하고 구분해서 인식을 해야 한다는 것이다. 그렇게 해야 나에게 맞는 분야를 활용할 수가 있다. 누군가 인공지능을 말하면서 머신러닝을 통한 데이터 활용을 의미하고 있는데, 듣는 사람은 인간의 말을 알아듣고 대답하는 어떤 서비스로 생각해서는 안 된다는 말이다. 서로 다른 이해 속에서 그냥 막연히 인공지능이라고 하면 오해가 생긴다. 안타깝게도 아직 우리 기업 현장에서 이런 식의 커뮤니케이션 오류가 많이 발생하고 있다.

데이터 드리븐
비즈니스

인공지능 관련하여 자주 언급되는 기업, 그리고 그들의 인공지능 제품과 서비스들이 있다. 스마트폰으로 이용하는 인공지능 비서 서비스인 구글의 어시스턴트Assistant와 애플의 시리Siri가 대표적이다. 인공지능 스피커인 아마존의 알렉사Alexa, 구글의 홈Home, SK텔레콤의 누구NUGU 등도 있다. 이런 B2C 서비스 말고 B2B 인공지능 솔루션인 IBM의 왓슨Watson도 있다. 이런 것들은 인공지능 그 자체를 제품화하여 판매하고 서비스하는 것들로서 말 그대로 인공지능 사업이다. 포털 사이트 같은 ICTInformation & Communication Technology 기업이나 IBM 같은 소프트웨어 회사들은 사활을 걸고 이런 사업들을 추진하고 있다.

하지만 대다수의 기업이 이렇게 직접적인 인공지능 사업을 할 필요는 없다. 원래의 자기 사업 분야에서 인공지능 기술을 잘 활용하면 된다. 대부분의 기업에서는 인공지능 기술을 데이터 활용 수단으로 이용해야 한다. 기업에서 인공지능을 도입하여 경쟁력을 높이려고 할 때 다른 길은 없다. 다른 곳이 아닌 바로 자기 자신의 업무에서 발생하는 데이터를 모으고, 그 데이터에서 가치를 만들고, 그 가치가 잘 적용될 수 있도록 기존 프로세스를 변경하는 것, 이것이 기업에서 인공지능을 활용한다는 것의 실체이다. 그래서 인공지능을 본격적으로 활용하는 경영을 데이터 드리븐 비즈니스data-driven business, 즉 데이터 주도 비즈니스라고 할 수 있다. 데이터를 중심으로 한다는 것은 어떻게 보면 진부하게 보일 수도 있지만, 이 말의 숨겨진 진짜 의미는 그렇게 간단하지 않다.

과거에도 데이터를 중심으로 하지 않았냐고 반문할 수 있겠다. 예를 들어, 데이터를 분석해서 이를 기반으로 의사결정을 한다는 식으로 말이다. 그런데 가만히 보면 데이터를 분석해서 이를 기반으로 의사결정을 한다는 행위의 중심에는 데이터가 아닌 인간이 있다. 데이터를 시각화visualization하여 인간이 이해할 수 있도록 변환한 후에 직접 눈으로 보면서 패턴을 찾아내는 식이다. 무슨 일을 해도 결국은 인간의 능력 범위 안이다. 이러한 기존의 데이터 분석은 잠재되어 있는 데이터 가치의 극히 일부만을 쓰는 것이며, 좁은 의미의 데이터 활용일 뿐이다. 진정한 데이터 드리븐 비즈니스는 데이터를 분석하는 행위, 이를 바탕으로 어떤 판단을 하는 행위 등을 인간이 아니라 컴퓨터가 하도록 한다는 것이 핵심이다.

핵심은 머신러닝

그럼 인공지능의 어떤 부분이 이런 것을 가능하게 할까? 기존의 데이터 활용과 인공지능으로 하는 새로운 데이터 활용의 차이를 만들어내는 것이 무엇인가? 바로 머신러닝이다. 그래서 인공지능을 이루고 있는 구성 요소 중에서 머신러닝이 가장 중요하다. 물론 자연어 처리나, 컴퓨터 센싱을 활용할 수 있는 일도 많다. 하지만 머신러닝은 충분한 데이터만 있다면 훨씬 더 광범위한 분야에서 무궁무진하게 활용될 수 있다. 심지어 자연어 처리와 컴퓨터 센싱도 머신러닝을 통해서 이루어진다. 사실, 그것들은 머신러닝과 같은 위상이 아니라 머신러닝으로 할 수 있는 활용처라고 할 수 있다.

인공지능 기술의 각 요소들은 독자적으로 발전하기도 하고, 서로 다른 기술이 영향을 주고받으며 발전하기도 한다. 어떤 경우에는 한쪽이 다른 쪽의 하위 기술이 되기도 하고 그 반대가 되기도 한다. 그런데 그동안 꾸준하게 진행되던 개별 요소의 발달과 융합의 모습이 최근 몇 년 사이에 크게 변화했다. 머신러닝이 여러 분야의 문제들을 한꺼번에 해결해주기 시작한 것이다. 그러다 보니 과거에는 각자 따로 발달되어왔던 것들의 분류 기준조차 모호해지고 있다. 머신러닝이 다른 분야들을 도와준다고 할 수도 있지만, 조금 과장해서 표현하면 다른 여러 분야를 집어삼키고 있다고 할 수도 있다. 머신러닝은 이제 상위 개념인 인공지능보다 더 큰 의미를 가지게 된 것 같다.

머신러닝은 데이터만 충분히 있다면 기업의 거의 모든 영역에서 활용할 수 있고, 또 활용해야 한다. 그런데 아주 큰 폭으로 도와주다 보니 여러 가지가 많이 바뀐다. 컴퓨터를 사용하는 방식, 우리가 일하는 방식, 생각하는 방식, 의사결정 하는 방식, 우리가 더 집중해야 할 일의 분야 등 많은 부분이 머신러닝 때문에 바뀐다. 어떤 직업들은 머신러닝 때문에 없어진다고 하는데 실제로 그렇게 될 것이다. 머신러닝이 무엇이길래 그렇게 되는 것일까? 이어지는 2장과 3장에서 머신러닝에 대해 더 자세히 알아본다.

A   I

2장   머신러닝이란 무엇인가

in business

머신러닝이 바꾼
컴퓨터 사용법

'머신러닝은 컴퓨터가 데이터를 통해 스스로 학습하는 것처럼 하는 기술이다.' 여기서 주목해야 할 것은 '스스로'이다. 인간이 컴퓨터가 무슨 일을 하도록 일일이 알려주지 않아도 컴퓨터가 스스로 데이터로부터 학습하여 실행한다는 의미이다. 이것이 도대체 무슨 말인가?

컴퓨터의 발명 이래로 우리가 컴퓨터에게 일을 시킬 때는 컴퓨터가 어떻게 하도록 '지시'를 내린다. 이것을 먼저 하고, 그다음에는 저것을 하고, 이런 경우에는 이렇게, 저런 경우에는 저렇게 하라고 일일이 명시하여 알려준다. 컴퓨터에게 그렇게 지시하는 행위를 '프로그래밍한다'라고 한다. 〈그림 1〉처럼 인간이 컴퓨터에게 방법을 알려주면 컴퓨터가 결과를 주는 것이다.

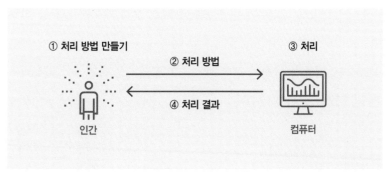

| 그림 1 | 기존의 컴퓨터 활용

그런데 이 당연한 개념을 머신러닝이 바꾸어버렸다. 머신러닝에서는 컴퓨터에게 처리 방법을 주지 않는다. 〈그림 2〉처럼 컴퓨터에 '원하는 결과'를 먼저 준다. 그러면 컴퓨터는 데이터를 원하는 결과로 바꾸는 처리 방법을 만든다. 그리고 그 방법대로 처리해 원하는 결과를 우리에게 준다.

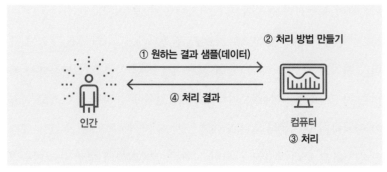

| 그림 2 | 머신러닝으로 컴퓨터 활용

컴퓨터가 데이터에서 스스로 방법을 찾기 때문에 인간은 일일이 지시할 필요가 없다. 컴퓨터 발명 이래 무수히 많은 기술적 진보가 있었지만, 컴퓨터 사용의 근본 개념을 바꾸었다는 측면에서 머신러닝은 대단히 큰 의미를 가진다.

스스로 학습한다는
의미에 대한 오해

컴퓨터가 스스로 학습을 하고 프로그래밍을 하다니, 아무래도 영화 속의 섬뜩한 인공지능이 생각날 수도 있겠다. 보통은 '데이터를 통해 기계가 스스로 학습하는 것'이라고 하지만 이 책에서는 일반적인 정의와 다르게 '학습하는 것처럼'이라고 했다.

- 머신러닝은 컴퓨터가 데이터를 통해 스스로 학습하는 것처럼 하는 기술이다.

작은 차이인데 바로 여기가 오해의 출발점인 듯하다. 인간의 학습과 기계의 학습이 거의 비슷한 것이라고 생각하기도 하고, 지금은 아니더라도 점점 발전하고 있으니 나중에는 인간과 기계의 학습을 구분할 수 없게 될 것이라고 생각하기도 한다. 사실은 그렇지 않다. 그것은 '자동차의 바퀴가 인간의 다리와 같은 역할을 하기 때문에 자동차의 바퀴와 인간의 다리는 같은 것이다'라고 하는 것과 마찬가지다. 그래서 컴퓨터가 스스로 '학습하는 것'이라는 표현에 전적으로 동의하지는 않는다. 기계가 '학습하는 것처럼' 또는 '학습하는 것처럼 보이도록'이라고 표현하는 것이 맞는 것 같다.

'기계가 스스로 학습한다'라는 말은 설명하기 편리하다. 그렇게 말하면 듣는 사람들도 더 쉽게 이해하는 것 같다. 더 그럴듯하고 멋있어 보인다. 머신러닝 전문가 자신들도 그렇게 배웠다. 다른 나라의 전문가들도 모두 그렇게 '학습한다'라고 말한다. 그래서 별다른 고민 없이 그냥 '기계가 스스로 학습한다'고 하는데, 그러다 보니 의도치 않게 일반 대중은 오해를 하게 된다. 그렇게 미묘하게 틀어진 인식의 차이로 인해 기계가 자의식이 있는 것처럼 생각하게도 되고 이 멋진 도구를 제대로 쓰는 것을 방해하기도 한다. 활용 관점에서 머신러닝 자체는 자의식과 직접적인 관계가 없다. 우리는 머신러닝을 제어할 수 있고 사실은 제어를 해야만 머신러닝이 작동한다. 그러니 머신러닝 전문가들이 '학습하는 것처럼'이라고 정의를 바꾸어주면 대중의 오해가 조금 더 줄지 않을까? 그것이 머신러닝을 실체와 더 가깝게 정의하는 것이 아닐까?

아무리 그래도 기계가 스스로 무언가를 한다니 신기하고 대단해 보인다. 그런데 실은 대단할 것도 별로 없다. 기계는 스스로 아무것도 하지 못한다. 내 컴퓨터에 있는 엑셀을 생각해보자. 그리고 내 컴퓨터에는 지난 3년간 우리 회사의 월별 매출 데이터도 있다. 그러면 무슨 일이 발생하는가? 당연히 아무 일도 발생하지 않는다. 내가 내 손으로 엑셀을 구동시켜서, 엑셀에 매출 데이터를 입력하고 뭘 더하거나 곱해야 원하는 결과가 나온다. 머신러닝도 마찬가지다. 내가 컴퓨터 안의 머신러닝 알고리즘에 데이터를 넣어주고 무언가 해야 한다. 즉, 내가 어떤 일을 하려는 의도를 가져야 한다는 얘기다. 엑셀이 혼자

살아 움직여서 데이터를 처리하지 못하듯이, 머신러닝도 혼자는 아무 것도 할 수 없다. 앞으로 머신러닝은 지금과는 비교할 수 없는 수준으로 발전할 것이 확실하지만, 그럼에도 불구하고 머신러닝에서의 학습과 인간의 학습은 분명히 다른 것이다. 머신러닝의 학습은 인간의 여러 행위 중 학습이라는 행위를 흉내 내어 개발된 컴퓨터 및 데이터 활용 방법의 일종일 뿐이다.

머신러닝은 작동 방식에 따라 몇 가지 유형으로 나눌 수 있다. 먼저 정답지의 유무에 따라 지도 학습supervised learning과 비지도 학습unsupervised learning으로 구분할 수 있고, 그 외에 강화 학습reinforcement learning이 있다.

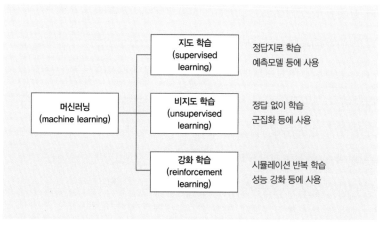

| 그림 3 | 머신러닝의 유형

지도 학습으로
예측하기

지도 학습은 감독 학습이라고도 한다. 머신(컴퓨터)이 학생이고, 우리 인간은 교사라고 가정하자. 컴퓨터에게 어떤 문제를 풀게 할 건데 그 전에 컴퓨터에게 공부(학습)를 시킬 것이다. 먼저 컴퓨터에게 공부할 자료를 준다. 이 자료는 교과서이고, 기출 문제이자, 그 기출 문제의 정답이다. 컴퓨터는 받은 자료로 열심히 공부한다. 컴퓨터가 공부를 다 했다고 하면 이제 우리는 진짜 문제를 낸다. 컴퓨터가 그 문제를 푼다. 우리는 컴퓨터가 문제를 얼마나 잘 풀었는지 검사한다. 이것이 지도 학습의 개념이다. 여기서 교과서, 기출 문제, 정답이라고 비유한 자료의 실체는 데이터이다. 이렇게 기계의 학습을 위해 제공되는 데이터를 학습 데이터training data(정답지)라고 한다.

앞에서 머신러닝에 대해 설명한 내용을 다시 한 번 보자. 머신 러닝에서는 컴퓨터에게 처리 방법을 주지 않는다. 〈그림 4〉와 같이 컴퓨터에게 '원하는 결과'를 먼저 준다. 그러면 컴퓨터는 데이터를 원하는 결과로 바꾸어주는 처리 방법을 만든다. 그리고 그 방법대로 처리해 원하는 결과를 우리에게 준다.

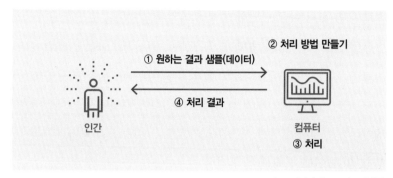

| 그림 4 | 머신러닝으로 컴퓨터 활용

　　여기서 ① 원하는 결과 샘플(데이터)이 바로 정답지이고 학습 데이터이다. '정답지를 줄 테니 공부해라. 공부했으면 정답지와 비슷한 것을 찾아라'라는 이 개념은 우리 일의 아주 많은 분야에 적용할 수 있다.

　　고객 타게팅에 머신러닝을 활용하는 상황을 가정해보자. 예를 들어 우리가 패션 쇼핑몰 마케팅 담당자라고 하자. 이번 달에는 남성 셔츠를 프로모션하려고 한다. 우리 쇼핑몰의 많은 회원 가운데 누구를 타겟으로 삼아야 할까? 우리는 다음의 두 가지 행위 중 하나 또는 둘 다를 하게 된다.

　　첫 번째는 가정하여 판단하는 것이다. '남성 셔츠니까 20~30 대 남성을 타겟으로 해야 한다'라고 판단하고 그에 맞추어 이벤트 페이지를 구성하고 메시지를 보낸다. '내 주위를 보면 남성 셔츠는 배우자나 여자친구가 더 많이 구매하는 것 같으니 20~30대 여성을 타겟으로 해야 한다'라고 판단하는 직원도 있을 것이다. 그 판단이 얼마나 정확했는지 또는 운이 얼마나 좋은지에 따라 프로모션 성패가 갈릴 것이다.

두 번째는 데이터를 분석해서 결정하는 것이다. 그동안의 판매 데이터를 분석하여 남성 셔츠를 누가 많이 구매했는지 알아본다. 최근 3년간의 데이터 전체를 놓고 남성 셔츠를 구매한 사람들의 특징을 찾아내는 단순한 분석부터, 지난 3년 동안 바로 이 계절에 남성 셔츠를 구매한 사람들만 따로 떼어내서 분석cohort analysis(코호트 분석)하는 등 다양한 방법이 있을 것이다. 분석을 통해 남성 셔츠 구매자의 80퍼센트는 20대이며, 70퍼센트는 남성이고, 60퍼센트는 배송지가 서울이라는 사실을 알아냈다. 그래서 '20대 / 남성 / 서울 거주'를 타겟 조건으로 정했다(이를 규칙 기반 타게팅rule based targeting이라고 한다). 또 다른 누군가는 열심히 분석을 한 끝에 놀라운 사실을 발견했다. 이유는 알 수 없지만, 남성 셔츠 구매자의 70퍼센트는 유아용 신발을 같이 구매한 것이다(데이터에 숨겨져 있던 인사이트를 찾아내는 이런 행위를 데이터 마이닝 data mining이라고 한다). 이럴 수가, 유레카! '좋았어, 유아용 신발하고 같이 프로모션해야겠다. 아예 유아용 신발 옆에 남성 셔츠 상품을 같이 배치하자'라고 생각한다.

이상이 우리가 흔히 하는 타게팅 행위이다. 첫 번째 방법이 경험 기반 타게팅이다. 대부분이 가정을 기반으로 한다. 대개는 직급이 높은 사람의 생각이 (설사 잘못됐더라도) 타게팅의 최우선 조건이 된다.

사장님이 '무슨 소리야. 남성 셔츠는 50~60대 남성이 많이 사지. 그렇게 타게팅해'라고 하면 그냥 그렇게 하는 것이다. 두 번째 방법인 데이터 기반 타게팅 역시 분석을 한다고 해도 대부분 큰 차이는 없다. 어차피 인간의 가정을 기반으로 분석을 하기 때문이다. 분석하는 사람에 따라 좋은 결과가 있기도 하고 그렇지 않기도 하다. 의미 있는 인사이트를 찾아내는 것은 매우 드문 일이다. 어쩌다 운 좋게 좋은 결과가 나왔어도 그것을 반복하기 쉽지 않고, 매번 분석을 새로 해야 한다.

경험 기반이건 데이터 분석 기반이건 결국 위와 같은 타게팅 방법의 성패는 인간이 얼마나 똑똑하냐에 달려 있다. 그리고 이런 규칙 기반 타게팅은 아무리 똑똑하게 해도 놓치는 고객들이 생긴다. 20대 남성 서울로 규칙 기반 타게팅을 했다면, 20대가 아닌 나머지 20퍼센트, 남성이 아닌 나머지 30퍼센트, 서울이 아닌 나머지 40퍼센트는 어떻게 하나? 그냥 포기하고 버린다. 이것이 인간 판단의 한계이고 규칙 기반의 한계이다.

머신러닝은 이 모든 문제들을 한번에 해결해준다. 어차피 정확하지도 않을 결론을 위해 불필요한 고생을 할 필요가 없다. 서로 증명할 수도 없는 주장만 오가는 회의도 할 필요가 없다. 별 차이도 없는 몇 가지 안들 중에 무엇을 선택해야 할지 고민할 필요가 없다. 불합리한 결정과 행위들을 더 이상 하지 않아도 된다. 이제부터는 전부 다 컴퓨터에게 통째로 계산시키면 된다. 그것이 훨씬 정확하고 훨씬 빠르다. 우리는 그 시간에 더 가치 있는 일을 하거나 쉬면 된다. 그러고도 타게팅 효과는 더 좋아진다.

사실 우리에게 필요한 것은 남성 셔츠를 구매할 고객들의 리스트이다. 가정, 고민, 회의, 분석 등은 모두 이 리스트를 얻기 위한 수단일 뿐이다. 머신러닝은 이런 수단을 건너뛰어 우리를 목적지로 곧바로 데려다준다. 어떻게?

먼저 정답지부터 준비한다. 정답지는 당연히 과거에 남성 셔츠를 구매했던 고객에 대한 모든 데이터이다. 고객정보, 구매정보 등 데이터는 많을수록 좋다. 이 정답지를 컴퓨터에게 주며 공부하라고 한다. 조금 기다리니 컴퓨터가 공부를 다 했다고 한다. 즉, '남성 셔츠 구매 고객의 특성을 알았'고 한다. 그럼 이번에는 나머지 전체 고객 데이터를 모두 다 준다. 여기서 중요한 것은 이 전체 고객 데이터에 대해 우리 인간은 분석을 할 필요도 없고 무언가 조치를 취하지 않아도 된다는 것이다. '남성일까, 여성일까?' 하며 고민할 필요 없다. 그냥 전체 고객 데이터를 그대로 컴퓨터에게 준다. 그러면 컴퓨터는 공부했던 것을 기반으로, 즉 정답지로 찾아낸 남성 셔츠 구매자의 특성을 바탕으로 전체 고객 데이터에 대해 남성 셔츠 구매 가능성을 계산하여 우리에게 돌려준다.

이제 우리는 재미있는 것을 손에 쥐게 되었다. 모든 고객 한 명한 명에 대한 남성 셔츠 구매 '예측 확률'을 가지게 된 것이다.

기존 데이터								추가된 예측 수치
고객 번호	이름	성별	출생 연도	지역	구매 총액	총구매 횟수	남성 상의 구매 횟수	남성 셔츠 구매 확률 (%)
7631	김길동	남자	1982	서울	65,000원	12	2	14
7632	이갑순	여자	1988	경기	228,500원	32	18	93
7633	박길동	남자	1976	전남	228,500원	15	7	78
7634	최갑순	여자	1990	강원	39,000원	8	0	4
7635	정길동	남자	1969	경북	8,000원	3	3	85

| 표 1 | 머신러닝이 내놓은 결과

이제부터 우리는 예측 분석predictive analytics이라는 말을 들었을 때 더 이상 무언가 심오한 것이라고 생각할 필요가 없다. 지금까지 살펴본 것이 바로 예측 분석이다.

예측 얘기를 할 때 자주 언급되는 영화 〈마이너리티 리포트〉에서 아직 일어나지도 않은 미래의 범죄를 예측하는 모습을 신기해 할 것이 전혀 없다. 머신러닝을 가지고 수많은 기업이 이미 그렇게 하고 있다. 사기 거래 범죄를 사전에 적발Fraud Detection하려고 하는가? 간단하다. 과거에 발생한 사기 거래 데이터(정답지)를 컴퓨터에게 주고 전체 모든 거래에 대한 사기 거래 예측값을 받는다. 어떤 상품을 누가 구매할지 궁금한가? 상품별로 구매 고객 데이터(정답지)를 주고 전체 고객에 대해 상품별 구매 예측값을 받는다. 제조 공정 중 언제 어디서 고장이 날지 궁금한가? 기존에 발생한 고장 관련 데이터(정답지)를 주고 고장 예측값을 받는다.

정답지 주고 예측값 받고, 이것이 전부다. 우리는 흔히 말한다. '우리가 머리를 맞대고 고민하면 무슨 일이든 다 답을 찾을 수 있다.' 그렇지 않다. 우리가 저마다 불합리한 생각과 의견으로 가득 찬 머리를 열심히 맞대고 엉뚱한 길을 헤매고 있을 때, 경쟁자들은 이렇게 머신러닝에게 '주고받기'를 함으로써 훨씬 더 정확한 예측으로 빠르게 달려간다.

타게팅 외에 다른 방식의 지도 학습 활용도 살펴보자. 위의 남성 셔츠 타게팅 같은 경우에는 그저 예측 확률값만 사용하면 되었다. 구매 확률 80퍼센트 이상의 고객들에게만 개인별로 특별 오퍼를 한다든지, 확률에 따라 고객마다 다른 할인율을 적용한다든지 하는 식으로 쓰면 된다. 중간 과정이야 어찌 되었건 예측값만 있으면 그만이다. 그런데 도대체 어떻게 해서 그런 예측 확률값이 나왔는지 궁금할 경우도 있다. 단순히 궁금해서가 아니라 꼭 알아야 할 때가 있다.

예를 들면, 제조 공정에서 고장 예측을 하는 경우가 그렇다. 언제 어디서 고장이 날지 예측만 하면 아무 소용이 없다. 도대체 무슨 요인으로 그 고장을 예측했는지 그 요인을 알아야 미리 조치를 취할 수 있다. 이런 경우에는 예측값 그 자체보다는 왜 그렇게 예측을 했는지 그 이유가 더 중요하다. 다행스럽게도, 그런 확률이 나올 때 어떤 요인이 어떻게 작용되어 그런 결과가 나왔는지, 그 확률 계산에 얼마만큼의 영향을 미쳤는지 정확한 숫자로 알 수 있다. 이것을 피처 중요도

feature importance라고 한다. 피처란 머신러닝 알고리즘에 넣은 데이터들의 다른 이름일 뿐이다. 따라서 피처 중요도란 어느 데이터 요소가 확률값 계산에 중요하게 작용을 했느냐 하는 정도를 나타내는 것이다. 〈표 2〉는 피처 중요도의 예이다.

피처	피처 중요도
남성 상의 구매 비중	0.923541
남성 상의 구매 횟수	0.792038
총 구매 횟수	0.625478
누적 구매 금액	0.521477
지역	0.012544

| 표 2 | 피처 중요도 예시

이 예측 모델의 예측값을 도출하는 데 '남성 상의 구매 비중'이라는 피처(요인, 데이터)가 0.923541만큼 영향을 미쳤다, 이것이 이 모델을 지배하는 가장 큰 요인이다, 그다음으로는 '남성 상의 구매 횟수'가 0.792038만큼 영향을 미쳤다, '지역'이라는 피처는 0.012544만큼 영향으로 이 모델에서는 영향력이 거의 없다 등을 알 수 있다.

이렇게 예측 모델은 그 예측값에 영향을 주는 요인을 알 수 있게 하고, 그 정보를 활용하여 미리 어떤 조치를 취할 수 있게 해준다. 아이러니하게도 이를 활용해서 그 예측이 틀리도록 할 수도 있다. 만약 제조 과정의 고장 예측 모델에서 어떤 특정 장비의 온도가 고장의 가장 큰 요인이라고 도출되면, 그 장비의 온도가 임계치를 벗어날 경우 즉각 조치를 취하여 고장을 예방하는 방식으로 활용하는 것이다. 그래서 제조업의 고장 예측 같은 경우는 고장 예측이 다 틀리도록 만드는 것이 예측 분석을 가장 잘 활용하는 방식이다.

참고로, 모든 머신러닝 알고리즘에서 이렇게 피처 중요도를 쉽게 알 수 있는 것은 아니다. 뒤에서 얘기할 딥러닝 같은 알고리즘 등은 전혀 방법이 없는 것은 아니지만, 현재로서는 요인 분석이 쉽지는 않다.

비지도 학습으로
이해하기

비지도 학습은 비감독 학습이라고도 한다. 앞선 지도 학습에서는 학생인 컴퓨터에게 교사인 인간이 정답지를 주었다. 그런데 인간도 정답을 모르면 어떻게 할까? 또는 아예 정답이라는 것 자체가 없을 때는 어떻게 할까? 이럴 때 쓰는 것이 비지도 학습이다. 개념적으로는 인간이 컴퓨터에게 이렇게 시키는 셈이다. '나도 모르겠다. 컴퓨터 네가 알아서 한번 해봐라.' 그러면 컴퓨터가 무언가를 해서 인간에게 돌려준다. 인간이 이 결과를 검토한다. 정답지가 없어서 결과가 완벽하지는 않고, 뭔가 딱 떨어지는 것 같지도 않아서 마음에 쏙 들지는 않는다. 그래도 처음에는 막막했는데 시작할 수 있는 무언가가 있으니 훨씬 좋다. 이 것이 비지도 학습의 개념이다.

앞서 지도 학습 설명을 위해서는 고객 타게팅을 예로 들었다. 고객 타게팅이 우리 실무에서 흔한 일이면서 지도 학습을 쓰기 적합한 일이었기 때문이다. 마찬가지로 실무에 흔한 일이면서 비지도 학습을 사용하기 좋은 일은 고객 세그멘테이션(고객 분류)이다.

다음은 우리가 평소에 고객 세그멘테이션 및 의사결정을 하는 방법이다.

- 각자의 지식과 경험을 바탕으로 생각한다. 잘 모르겠다. → 생각

- 여러 명이 모여서 회의를 한다. 혼자 하는 것보다는 좋은 것 같지만 역시 잘 모르겠다. → 여러 사람이 같이 생각

- 팀 전체가 며칠씩 워크숍을 한다. 워크숍 결과 여러 안들이 많이 나왔다. 하지만 무엇이 정말 맞는지 확신은 없다. → 많은 사람들이 긴 시간 동안 생각

- 고객, 구매 등의 데이터를 본다. 딱히 뾰족한 것이 보이지는 않는다. → 현업 담당자의 데이터 분석

- 전문 데이터 분석팀에게 부탁해본다. 오랜 시간 기다려 결과를 받아보니 멋진 그래프도 많고 보기에는 좋은데, 이미 다 알고 있는 것들뿐이고 새로운 것은 없다. → 전문 분석가의 데이터 분석

- 외부 리서치, 컨설팅, 분석 업체에 맡긴다. 시간과 비용도 많이 들었고

업체 관리도 힘들었지만 역시 대단한 것은 나오지 않는다. 하지만 외주 프로젝트를 실패했다고 하면 곤란해지니 그냥 진행한다. → 조사·생각·분석의 아웃소싱, 여러 이해관계

- 기획 보고서를 만들어 상사에게 보고한다. 상사는 보고를 받으며 문득 떠오르는 생각을 몇 마디 말한다. 말을 하고 보니 스스로도 그럴듯하게 느껴지고 부하 직원들도 고개를 끄덕이며 열심히 받아 적는다. 보고 회의가 끝나면 실무자들은 신의 계시라도 되는 듯 열심히 메모한 상사의 말씀이 무슨 뜻인지 해석하기 위한 후속 회의를 한다. 보통 이 과정에서 말한 사람의 원래 의도도 아닌 이상한 생각이 더해지곤 한다. 후속 회의도 끝나고 나면 이것저것 넣고 빼며 기획안을 수정한다. 원래 기획안이 완벽한 것은 아니었지만 그래도 일관성은 있었는데, 이젠 맥락도 없고 무언가 이상하다. 그래도 위에서 시킨 대로 한 것이니 내 책임은 아니라고 생각한다. → 권한이 더 큰 사람의 결정, 책임 미루기

- 지금 고객 세그먼트 기반의 신상품 개발을 시작해야 연말 인사평가 전에 무슨 결과라도 나온다. 그냥 그대로 간다. → 시간, 이해관계 등의 다른 요인

꼭 고객 세그멘테이션만이 아니더라도 일상적인 우리 기업 안의 일하는 모습이고 의사결정 하는 모습일 것이다. 이렇게 아름답지 않은 상황을 머신러닝으로 바꿀 수 있다. 이제 고객 세그멘테이션을

위해 비지도 학습의 대표적인 알고리즘인 클러스터링clustering(군집화) 기법을 써보자.

먼저 데이터를 준비한다. 이제 충분히 알았겠지만 데이터는 머신러닝이 먹는 밥이다. 머신러닝은 밥을 주지 않으면 일을 못 한다. 밥을 조금 주면 일을 썩 잘하지도 못한다. 데이터라는 밥을 많이 줄수록 좋다. 여기서 많다는 것은 데이터의 양이 많기도 해야 하고 데이터의 속성이 많기도 해야 한다. 익숙한 엑셀로 얘기하면 행(가로)이 많을수록, 또 열(세로)이 많을수록 좋다는 의미이다. 처음 부분 다섯 행이 〈표 3〉처럼 생긴 데이터가 있다고 하자. 이런 행이 총 30만 개(고객 30만 명)가 있고, 여기서는 뒷부분을 생략했지만, 열(칼럼)은 20개쯤 된다고 가정한다.

고객 번호	이름	성별	출생 연도	지역	구매 총액	총구매 횟수	남성상의 구매횟수
7631	김길동	남자	1982	서울	65,000원	12	2
7632	이갑순	여자	1988	경기	228,500원	32	18
7633	박길동	남자	1976	전남	228,500원	15	7
7634	최갑순	여자	1990	강원	39,000원	8	0
7635	정길동	남자	1969	경북	8,000원	3	3

| 표 3 | 데이터의 예

이 데이터를 컴퓨터에게 주고 클러스터링 알고리즘으로 처리하

게 한다. 그러면 컴퓨터 내부적으로는 이런 일이 벌어진다. 컴퓨터는 나이, 성별, 구매금액 등의 각각 다른 속성값들을 군집화 처리 목적에 맞도록 치환한다. 나이의 단위가 다르고, 구매 금액의 단위가 다르지만 이런 각각의 속성들을 동일한 잣대로 볼 수 있도록 바꾸는 것이다. 그러고는 X차원의 공간 속에 이 값들을 뿌린다. 인간은 4차원 이상은 머릿속에 그리지 못하지만 기계는 10차원이건 20차원이건 수학적으로 계산할 뿐이므로 상관없다.

그다음에는 여기 있는 모든 점들 간의 거리를 계산한다. 우리는 인간이니까 우리 식대로 3차원의 우주 공간을 떠올려보자. 우리 은하계 안에 수많은 별들이 있는데 그 모든 별들 간의 각각의 거리를 다 계산한다고 상상하자. 군데군데 지역별로 별들이 어느 정도 모여 있는 동네들이 보인다. 각 동네마다 가장 중심이 되는 별을 찾는다. 그 중심 별을 그 동네의 대장 별로 임명한다. 마지막으로는 그 대장을 중심으로 가까운 것들끼리 더 모아서 소속을 분명하게 한다. 즉, 군집화한다. 얼핏 생각해도 계산량이 아주 많을 것이라고 짐작될 것이다.

클러스터링은 이렇게 각 데이터들 간의 거리를 계산하여 가까운 것들끼리 모아주는 알고리즘이다. 쉽게 말하면 '비슷할 가능성이 있는 것들끼리 모아주는 것'이다. 이를 다시 인간이 보기 편하게 2차원 평면상에 표현하면 〈그림 5〉와 같이 된다. 동그라미 하나하나가 비슷한 고객들끼리 묶인 군집들이다.

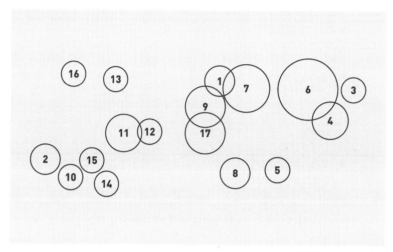

| 그림 5 | 시각화한 클러스터링의 예

그런데 컴퓨터는 나이, 성별, 구매금액 등의 데이터 속성들이 무슨 의미인지 알지 못한다. 다만 이 모든 속성들을 그저 수학적으로 취급하여 단순하게 거리 계산만 한 것뿐이다. 그래서 이 클러스터링의 1차 결과가 인간이 보기에 깔끔하게 딱 떨어지지 않기도 한다. 그래서 다음 단계가 필요하다. 인간이 일할 차례다. 이제는 우리가 각각의 군집들을 하나씩 뜯어본다.

- 2번 군집을 보니까 여기에는 연령대 높은 남성이 많고, 연 10회 정도 구매한 사람들이 모여 있네.
- 11번 군집은 여성이 많은데 누적 구매 금액이 10만 원 정도구나.
- 6번 군집은 연령적 특성은 보이지 않지만 연평균 구매를 3~5회 정도

한 사람들이구나. 그리고 전체 군집 중에서 이 군집의 크기가 가장 크네.

- 7번 군집과 9번 군집은 그 특성이 거의 비슷한데 왜 다른 군집으로 나누었지? 아, 다른 것들은 비슷해도 주로 구매하는 카테고리가 많이 다르구나.

- 12번 군집은 누적 구매액이 300만 원 이상이고 한 달에 5회 이상 구매하는 우량 고객들이구나. 그런데 기존 분류 기준에 따른 우량 고객의 수보다 3배나 많네. 그렇다면 혹시 그동안 놓치고 있었던 우량 고객들이 있었나?

대충 이런 식이다. 이렇게 클러스터들을 뜯어보는 행위, 이것이 바로 의미 있는 데이터 분석 중 하나이다. 인간의 부정확한 가정과 미리 정해진 의도로 가득한 데이터 분석과는 다르다.

비지도 학습은 이렇게 비슷한 것들끼리 묶는 데 활용하거나, 처음에 어떻게 접근해야 할지 감이 잡히지 않을 때 활용하면 좋은 방식이다. 처음부터 길을 잘못 들어서 아까운 비용과 시간을 낭비하지 말고 이렇게 컴퓨터에게 일을 시키면 된다. 컴퓨터가 먼저 어느 정도 해놓은 것을 보며 우리가 몰랐던 사실들을 알게 되고, 올바른 방향으로 계속 생각을 다듬어나가는 것이다. 이렇게 되면 이제 인간은 생각을 더 많이 더 깊게 할 수 있다. 더 올바른 방향으로, 더 사실에 근접하게, 훨씬 가치 있게, 효율적으로 생각을 할 수 있게 된다. 이렇게 비지도 학습은 우리가 무엇을 이해하고 생각하는 것을 도와주는 도구다.

강화 학습으로
원하는 대로 만들기

알파고에 쓰여서 일반 대중에도 널리 알려진 강화 학습은 컴퓨터를 칭찬하거나 야단쳐서 점점 좋게 만드는 방법이다. 컴퓨터가 인간이 설정한 목적에 맞는 행동을 하면 '좋다'는 피드백(플러스 점수)을 주고, 반대로 목적에 맞지 않는 행동을 하면 '나쁘다'는 피드백(마이너스 점수)을 주는 것을 반복해서 컴퓨터가 점점 더 인간이 정한 목적에 맞게 행동하도록 만들어가는 것이다. 알파고의 경우에는 수많은 바둑 연습 대국들을 반복하면서 알파고 자신이 이긴 행동들을(착수) 좋은 피드백을 주면서 결과적으로 이기는 행동이 점점 강화됐다.

　　로봇이 인간처럼 두 발로 직립 보행을 하도록 만들 때 강화학습을 사용한다면 어떨지 예로 들어보자. 과거의 방법이라면 인간이 로봇의 무릎과 발 부분의 각도, 보폭 등을 정교하게 계산하여 일일이 입력해주어야 했다. 그렇게 걷다가 계단을 만나면? 역시 이번에는 계단을 어떻게 올라가는지, 그다음에는 어떻게 내려가는지 다 프로그래밍해주어야 했다. 웅덩이를 만났을 때, 질퍽한 땅을 만났을 때는 또 어떻게 해야 할지도 일일이 알려주어야 했다.

그런데 강화 학습은 그런 접근이 아니다. 로봇에게 그냥 계속 걷게 한다. 물론 똑같이 걷게 하는 것이 아니라 무작위로 이렇게 저렇게 조금씩 다른 방법으로 걷게 한다. 이번엔 발목 부분을 이 각도로, 다음에는 무릎 부분을 저 각도로, 다음에는 보폭을 더 크게 혹은 작게 조금씩 다른 방법으로 계속 걷게 하는데, 이때 로봇이 잘 걷는 행동을 우연히 하게 되면 플러스 점수를 준다. 잘 걷는 데 방해되는 행동을 우연히 하게 되면 마이너스 점수를 준다. 이것을 계속 반복한다. 시간을 단축하기 위해 이런 행위는 실제 물리적 로봇이 아닌 컴퓨터 시뮬레이션으로 빠른 속도로 학습한다. 이렇게 플러스 점수를 받고 마이너스 점수도 받는 과정을 엄청나게 많이 반복하면 로봇이 점차 잘 걷는 방향으로 진화한다. 이렇게 해서 우리는 로봇이 잘 걷기 위한 다리, 무릎, 발목 부분의 각도, 속도 등의 정보를 알게 되었다. 즉, 우리는 목적만 제시하고 기계에게 매번의 행위마다 플러스 혹은 마이너스 점수를 준 것뿐인데, 우리가 원하는 것을 하는 방법을 기계 스스로 알게 된 것처럼 만들었다.

강화 학습은 제한된 조건에서 여러 번 비슷한 일을 반복할 수 있는 환경이라면 어디에든 쓸 수 있는 개념이어서 무서우리만큼 강력한 잠재력을 가지고 있다. 예를 들어, 인간이 하던 컴퓨터 프로그래밍조차 컴퓨터가 스스로 하게 할 수도 있다. 좋은 코딩에 플러스, 나쁜 코딩에 마이너스 점수를 주는 것을 반복하면 되니까. 지금 논하고 있는 머신러닝 모델링 자체를 컴퓨터 스스로 하게 할 수도 있고, 이미 연구가 진행 중이다. 데이터 사이언티스트들의 중요 업무인 머신러닝을 만드는 업무조차 인공지능으로 대체될 수 있다는 말이다. 인공지능이 발달하면서 단순 업무는 인공지능으로 대체될 것이라는 생각은 많이 들 하는데, 그 단순의 기준을 인간 기준으로 생각하면 안 된다. 인간이 보기에 인간만의 전문성이 있고 복잡해 보이는 일이라도 인공지능에게 계속 반복하는 강화 학습을 시킬 수 있다면, 결국 인공지능이 그 일들을 인간보다 더 잘할 수 있다.

콘텐츠 생성으로 발전 중인 머신러닝

| 그림 6 | 사진일까, 그림일까
(출처: Ian Goodfellow, 'NIPS 2016 Tutorial: Generative Adversarial Networks',
arXiv:1701.00160)

〈그림 6〉은 구글 소속 과학자 이언 굿펠로우Ian Goodfellow의 논문에 게재된 것인데, 인간이 새를 찍은 사진이 아니다. 인간은 그림 왼쪽에 있는 문장을 제시했을 뿐이고 컴퓨터가 이 문장을 바탕으로 그린 그림이다. 이렇게 컴퓨터가 무엇인가 만들어내게 하는 여러 방법이 있는데 〈그림 6〉의 새 그림에는 GANgenerative adversarial networks이라는 방법이 쓰였다. 무언가를 만드는 부분generator과 만든 것을 평가하는 부분discriminator이 서로 대립adversarial하면서 성능이 계속 좋아지게 만드는 모델로, 뒤에서 설명할 딥러닝을 콘텐츠 생산으로 확장시킨 것이다.

　　GAN을 활용하여 낮은 해상도의 그림을 높은 해상도의 그림으로 바꿀 수도 있다. 주어진 그림을 학습하여 그림을 더 선명하게 하기 위한 픽셀들을 더 만들어내는 것이다. 얼마 지나지 않아서 과거에 찍은 흐릿한 사진을 놀라울 정도의 고해상도 사진으로 쉽게 변환하는 서비스가 일반화될 것이다. 이런 생성 기술은 여러 다른 방식으로 응용될 수 있을 것이다. 예를 들어, 만약 이미지를 전송할 때 파일 크기를 줄일 필요가 있다면 지금처럼 파일을 압축하는 것이 아니라, 일부 정보를 그냥 없애버려 크기를 줄여 전송하고 받는 쪽에서 가지고 있는 정보만으로 이미지를 다시 만들어서 쓸 수도 있을 것이다.

　　또한, 인간의 작업을 도와주는 방식으로 사용할 수도 있을 것이다. 〈그림 7〉과 같이 디자인 레이아웃만 넣으면 컴퓨터가 적절하게 컬러를 넣어주는 식으로 말이다.

| 그림 7 | GAN의 활용
(출처: Ian Goodfellow, 'NIPS 2016 Tutorial: Generative Adversarial
Networks', arXiv:1701.00160)

생성 모델은 GAN 이외에도 기존 확률 모델에 딥러닝을 접목한 VAEariational Auto Encoder 및 GAN과 VAE를 융합하는 여러 가지 기법이 나오면서 빠르게 그 성능을 높여가고 있다.

머신러닝 알고리즘과 딥러닝

지금까지 살펴본 지도 학습, 비지도 학습, 강화 학습 등은 다양한 머신러닝을 유형별로 크게 묶은 것이다. 이는 개별적으로 개발된 머신러닝 알고리즘을 사후에 묶은 것에 불과하고, 실제로 중요한 것은 개별 머신러닝 알고리즘이다. 머신러닝 알고리즘은 특정 목적을 위해 컴퓨터를 작동하게 하는 여러 절차와 방법을 하나의 체계로 묶어놓은 방법론이다. 결정 트리decision tree, 클러스터링clustering, 인공 신경망artificial neural network 등의 수많은 알고리즘이 있다. 정작 중요한 것은 이 알고리즘이지만, 이 책이 데이터 전문가만을 대상으로 하는 것이 아님을 고려하여 자세한 설명은 생략한다. 알고리즘을 모르면 활용할 수 없기에 알아야겠지만, 모든 사람들이 알고리즘을 잘 알아서 직접 구현할 수는 없을 것이다.

설명을 생략하는 또 다른 이유는 머지않은 시간 안에 자세한 기술을 잘 알지 못해도 쉽게 머신러닝을 쓸 수 있는 환경이 오기 때문이다. 자동차 공학을 전혀 몰라도 자동차를 운전할 수 있는 것과 마찬가지다. 우리는 가속 페달을 밟을 때 벌어지는 구체적인 메커니즘은 잘 몰라도, 자동차를 이용하는 데 불편이 없다. 머신러닝도 이와 같이 된다. 엑셀과 같은 범용 소프트웨어나 솔루션의 형태로 대용량 데이터 처리와 머신러닝을 쉽게 할 수 있게 된다.

그런데 알고리즘 설명을 완전히 생략하기에는 한 가지 걸리는 것이 있다. 딥러닝 때문이다. 위상적으로는 머신러닝의 여러 계열 중 인공신경망 아래의 한 종류인 딥러닝이 너무 유명해져버렸다. 그 바람에 딱히 적합하지 않은 맥락에서 딥러닝이 언급되기도 하고, 올바르지 않게 머신러닝과 혼용되어 언급되기도 한다. 그래서 머신러닝 알고리즘 중 딥러닝에 한해서만 간단히 개념을 짚고 넘어가고자 한다.

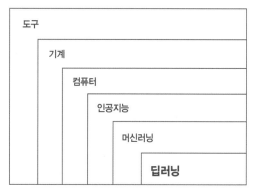

| 그림 8 | 딥러닝의 위상

언급했듯이 딥러닝은 인공신경망의 일종이다. 인공신경망은 서로 연결된 여러 신경 세포들이 신호를 나누어서 주고받는 동물의 신경망 구조와 비슷한 방식이다. 입력층input layer에서 정보가 입력되면 중간층hidden layer에서 나누어 계산하고 다시 출력층output layer에서 모아 결과를 낸다. 영역을 나누어 작게 만든 후 그 부분만 계산하여 그다음으로 넘기면 뒤에서 합쳐서 결론을 보는 것이다.

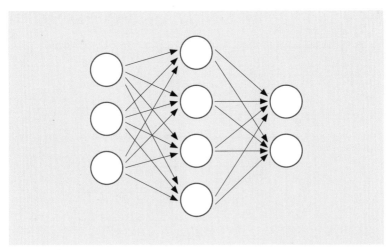

| 그림 9 | 인공신경망의 작동 방식

딥러닝은 이런 인공신경망을 심화시킨 알고리즘이다. 인공신경망에서는 계산을 하는 중간층이 1개 혹은 2개의 층이다. 그런데 컴퓨팅 기술과 인공신경망 이론의 발달에 힘입어 이 중간층을 3개, 4개로, 수십 개로도 늘릴 수 있게 되었고 그렇게 늘려보니 성능이 좋았다. 이렇게 인공신경망 중에서 중간층이 3개가 넘는 것들을 특별히 층이 깊다고 해서 딥Deep 러닝이라고 한 것이다.

이상이 딥러닝에 대한 간략한 소개인데 여기서는 한 단계만 더 내려가서 딥러닝의 하위 종류를 살펴보자. 딥러닝 활용을 위해서는 개괄적 개념보다 하위 종류를 이해하는 것이 더 유용하기 때문이다.

● DNN: 앞에서 설명한 딥러닝의 기본 개념, 즉 신경망의 중간층을 깊

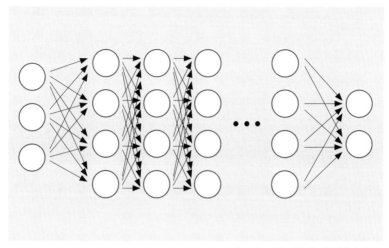

| 그림 10 | 중간층이 3개 이상인 딥러닝

게 쌓은 것이 곧 딥 뉴럴 네트워크Deep Neural Network, DNN다. 딥러닝의 가장 기본적인 형태이다. DNN은 흔히 접할 수 있는 테이블 형식의 데이터를 잘 처리한다. 엑셀의 테이블(표)처럼 생긴 데이터가 있고 원하는 결과가 명확하다면 DNN을 활용한다.

● CNN: 컴퓨터가 스스로 학습하여 동물의 모습이나 사람의 얼굴을 인식한다든지, 사람처럼 그림을 그렸다는 뉴스를 접한 적이 있을 것이다. 구글 포토 서비스에 사진을 업로드하면 음식 사진에는 '음식'이라고, 풍경 사진에는 '풍경'이라는 태그를 자동으로 붙여준다. 이렇게 그림, 사진, 영상과 같은 시각적 이미지를 주로 처리하는 알고리즘이 딥러닝의 일종인 콘볼루셔널 뉴럴 네크워크Convolutional Neural Network, CNN다. 왜 여기에 복잡하다는 뜻의 'Convolution'이라는 단어가 사

용됐을까? 여기서 이 단어는 중첩 적분 혹은 합성 곱이라고 하는 수학 개념이다. 딥러닝은 무언가를 처리할 때 나누어서 계산하여 그다음 단계로 넘기는 것이다. CNN이 이미지를 처리할 때 이미지를 잘게 잘라서 많은 영역으로 나누고, 각 영역별로 처리해서 다음 단계로 넘긴다. 이때 개별 영역 처리에만 너무 치중하면 결과가 지나치게 경직되어 이미지 처리에 적합하지 않다. 그래서 인간의 융통성과 같은 개념을 부여하기 위해 개별 영역을 처리할 때 인접한 주변도 같이 고려하여, 즉 주변도 같이 합성하여 처리하게 한 것이다.

● RNN: 인공지능이 사람 말을 알아듣기도 하고, 번역을 하거나 상황에 맞는 문장을 만들어내기도 한다. 이렇게 언어 등을 처리할 때 쓰는 알고리즘이 딥러닝의 일종인 리커런트 뉴럴 네크워크**Recurrent Neural Network, RNN**다. RNN은 순서가 중요한 데이터를 처리한다. '주어+목적어+동사'라는 어순으로 된 한국어, '주어+동사+목적어'라는 어순으로 된 영어처럼 각 요소의 순서를 중요하게 고려해야 할 경우 쓰인다. 컴퓨터가 작곡을 하게 할 때도 RNN이 쓰인다. 앞에서부터 음과 박자가 어떻게 흘러왔는지 고려해서 지금의 음과 박자를 구성해야 하기 때문이다. 여기서 '반복한다'는 의미의 'Recurrent'가 쓰인 이유는 단계마다 계속 그 전 단계를 반복하여 학습하기 때문이다. 앞에, 그 앞에, 또 그 앞에라는 순서 개념을 가지고 이전 단계들을 함께 처리하는 것이다.

● GAN: 앞에서 살펴본 제너러티브 애드버서리얼 네트워크**GAN**는 딥러

닝을 생성에 응용하는 모델이다. 무언가를 만드는 부분과 만든 것을 평가하는 부분이 서로 대립하면서 성능이 계속 좋아지게 만드는 원리다.

딥러닝은 강력한 성능을 바탕으로 현재 머신러닝 최고봉의 위치에 있다. 과거에 해결하기 어려웠던 다양한 문제들을 딥러닝이 놀랍고 신기할 정도로 잘 해결하고 있으며, 앞으로 더욱 발전하며 활용 범위를 계속 넓혀갈 것이다. 3장에서는 이런 딥러닝을 비롯한 머신러닝을 실제로 어떤 일에 쓸 수 있는지 여러 사례와 함께 살펴보자.

A   I

3장   도구로서의 인공지능

in business

머신러닝이 하는
데이터 분석

보통 데이터를 활용한다고 할 때는 거의 데이터 분석을 의미한다. 그 래서 데이터 활용과 데이터 분석은 거의 동일하게 취급되고 있다. 데 이터를 분석하여 데이터에 숨어 있는 인사이트를 발굴하는 것을 데 이터 활용이라고 생각한다. 예를 들어 고객 데이터를 분석하여 고객 의 특성을 알아본다, 매출 데이터를 분석하여 매출의 구성을 살펴본 다, 조직별 성과를 분석하여 영업 전략 수립을 위한 정보를 찾아낸다, 웹 사이트 트래픽을 분석하여 사이트 활성화를 위한 단서를 찾는다 등 이 있다. 이러한 행위는 인간이 데이터를 분해하고 모형화하고 시각화 하여 데이터를 다른 모습으로 바꾸고, 이를 인간이 살펴보며 판단하는 형태로 이루어진다. 우리가 알고 있는 이런 데이터 분석이 과연 최선 일까? 다시 말해, 과연 데이터를 제대로 활용하는 방식일까?

　　B라는 종합상사는 여러 종류의 상품을 여러 지역 영업조직을 통해 판매하고 있다. 지역 영업조직에서는 지역별 오프라인 직영점, 오프라인 가맹점, 웹 사이트, 모바일 앱, 홈 쇼핑, 방문 판매 등의 다양 한 판매 채널을 통해 판매한다. 중앙 본사 조직에서 각 상품별로 전체 기본 할인율을 정해 지역 영업조직에 내린다. 지역 영업조직은 해당 지역의 경쟁 상황에 따라 중앙 조직의 기본 할인율에 각자 나름대로 의 추가 할인율을 더해서 상품별로, 판매 채널별로 다른 할인율을 적

용한다.

B사 중앙 본사에서는 각 지역의 각 상품별 매출과 비용 데이터를 수집하여 매출, 비용, 수익률 등의 시장 상황을 일 단위로 분석한다. 분석의 목적은 어떤 상품의 매출이 저조한가, 어떤 지역의 매출이 높은가, 채널별 판매 상황은 어떤가, 각 할인율의 비용 효율성은 적정한가 등을 파악하는 것이다. 분석 결과를 바탕으로 할인율을 조정하거나 실적이 저조한 지역 영업조직을 관리한다.

가장 일반적인 방식은 여러 데이터를 엑셀과 같은 스프레드시트 프로그램에 넣어 이리저리 살펴보는 것이다. 만약 다루고 있는 상품의 종류가 매우 많거나 살펴봐야 할 요인이 많다면, 방대한 엑셀 파일 여러 개를 살펴봐야 할 것이다. 예를 들어 판매하는 상품이 100개이고, 지역 영업조직이 10개, 할인의 유형이 10개, 판매 채널이 10개라고 가정하면, 그날의 현황을 위해 살펴보아야 할 조합의 수가 10만개에 달한다.

그 데이터를 활용해 다음과 같은 판단을 해야 한다.

- 오늘의 시장 상황은 경쟁사와 비교할 때 좋은가, 나쁜가?
- (만약 좋거나 나쁘다고 판단했다면) 도대체 어떤 조합, 어떤 부분에서, 어떤 요인이 작용한 것인가?
- 상품별로, 지역별로, 할인율별로, 판매 채널별로 제각각인 가격, 매출, 비용을 어떻게 고려해야 하는가?

- 이 분석 결과는 전일, 전주, 전달, 전년의 동 기간과 비교했을 때 어떻게 다른가?
- 그 차이는 통계적으로 유의미한가?

과연 인간이 이 모든 경우의 수를 빠짐없이 정확하게 계산하고 비교·분석할 수 있을까? 불가능하지는 않을 것이다. 하지만 시간이 너무 오래 걸릴 것이다. 그래서 일반적으로는 매출 비중이 높은 몇 개 정도를 추려서 간단하게 하루 전과 비교하는 정도만 한다. 이렇게 축약한 과정에서조차 실수가 있을 것이다.

다양한 경우의 숫자를 계산하고, 수많은 경우의 수를 비교하고, 의미 있는 차이를 찾아내는 것을 데이터 분석이라고 한다면 이런 일은 컴퓨터가 훨씬 잘한다. 데이터를 머신러닝 알고리즘에 넣으면 순식간에 나올 수 있는 모든 조합을 만들어내고, 의미 있는 세그먼트를 도출하고, 어떤 조합을 봐야 하는지를 알 수 있다. 예를 들면 다음과 같은 분석 결과가 몇 분 만에 금방 도출된다. 인간으로서는 도저히 불가능한 속도와 수준의 일이다.

- 수익률이 전일 대비 5퍼센트 감소했음. 가장 큰 영향을 준 요인은 '25번 상품 × 오프라인 가맹점 × 할인 캠페인 3번 × 서울 서초구'의 조합임. 여기에서 할인 캠페인 3번의 영향도가 87퍼센트로 가장 높았음.

일부 기업이 이미 머신러닝을 이렇게 데이터 분석에 활용하고 있다. 어떤 일의 원인을 찾는다든지, 상황을 파악한다든지, 몰랐던 인사이트를 찾아낸다든지 하는 우리가 그동안 해왔던 전통적인 데이터 분석은 이제 인간이 직접 다 하지 않는다. 인공지능은 데이터 분석의 품질과 속도 모든 측면에서 인간과는 비교조차 할 수 없을 만큼 월등하다. 데이터 분석이 사라지는 것은 아니지만 그 형태가 바뀌고 데이터 분석 과정에서 인간이 하는 역할도 지금과는 달라지고 있다.

:: 사례 ::

켄쇼의 리포트

금융업계에서 대표적인 인공지능 활용 사례를 켄쇼kensho.com에서 볼 수 있다. 인공지능을 분석에 활용하는 전형적인 사례이기도 하다. 켄쇼는 자연어 처리와 머신러닝을 활용해 기사와 자료 검색부터 시장 동향 분석, 투자 조언까지 제공하는 금융 분석 프로그램이다. 켄쇼는 불교 용어 견성見性의 일본식 발음으로 사물과 자연의 이치를 깨달은 상태라는 뜻인데, 창업자 대니얼 네이들러Daniel Nadler가 동양의 명상 수련을 좋아해서 지은 이름이다. 켄쇼를 만든 켄쇼테크놀로지는 2013년에 창업하여 골드만삭스 등으로부터 거액을 투자받고 빠르게 성장하고 있다.

켄쇼의 검색창에 키워드를 입력하면, 수많은 자료를 검색하고 분석하여 전체를 개괄하는 짧은 요약 리포트가 제시된다. 그리고 과거의 유사한 상황에 대한 시장의 반응을 바탕으로 투자 실적을 예측하는 그래프들도 만들어 보여준다. 질문을 입력한 순간부터 이런 리포트가 나오기까지 몇 분밖에 걸리지 않는다. 예를 들어 '어떤 회사에서 신제품을 출시했을 때 어떤 협력 업체의 주가가 가장 많이 올랐고, 경쟁사 주가는 어떻게 됐나'와 같은 질문을 올리면, 몇 분 만에 다양한 그래프까지 동원하여 답해주는 것이다. 미시적인 내용에서부터 거시적인 분야까지 자동으로 분석해준다. 기업의 실적, 신제품 발표, 주가의 흐름, 각종 경제지표, 정부의 정책 변화, 정치적 상황 등까지 다룬다. 2013년에 선보인 초기 버전도 인간 애널리스트 15명이 4주에 걸쳐 해야 할 분석 작업을 5분 만에 처리했다고 하니 지금은 그 성능이 더욱 향상됐을 것이다.

사실 켄쇼가 하는 일을 보면 전에 없던 완전히 새로운 것은 아니다. 특정 주제에 대해 자료를 검색하고 정리하고 분석하여 보고서를 만드는, 어차피 인간이 하던 일을 그대로 할 뿐이다. 다만 인간이 따라갈 수 없을 정도의 넓은 범위에서 매우 많은 데이터를 보고, 인간은 도저히 불가능한 속도로 빠르게 처리하며, 누락하거나 오인하는 실수를 저지르지 않을 뿐이다.

켄쇼의 최대주주이자 주요 고객인 골드만삭스에서 켄쇼의 주요 사용자는 영업 직원들이다. 과거에는 영업 직원들이 고객으로부터 어떤 주식을 사고파는 게 좋을지, 혹은 어떤 금융 상품을 사는 것이 좋을지 하는 질문들을 받으면, 자신이 아는 한도 내에서 답하거나, 조사나 분석을 통해 답을 했다. 그리고 특별히 중요한 고객의 질문은 애널리스트에게 요청했다. 애널리스트들은 더 많은 자료를 조사하고 더 깊은 분석을 해서 제공하지만, 문제는 시간이 더 많이 필요하다는 것이다. 그렇게 시간을 쓰면 이미 시장 상황이 바뀐 뒤다. 이런 비효율적 상황에서 켄쇼가 영업 직원들에게 실질적 도움을 주고 있다. 고객이 질문을 하거나 영업 직원 자신이 자료를 필요로 할 때 켄쇼가 금방 만들어주는 보고서를 이용하고 있다.

　과거 증권시장에서는 인간이 직접 주식을 사고팔며 중개하는 것이 꼭 필요한 일이었지만, 컴퓨터 주문 시스템이 생긴 이후 그런 직업은 없어졌다. 이제 비슷한 현상이 나타나려고 한다. 현재 금융업계에서 고액 연봉을 받으며 중요한 역할을 하고 있는 애널리스트들의 역할을 인공지능이 대체하려고 하는 것이다. 인간의 기준으로 이런 것은 인공지능이 할 수 없을 것이라고 생각하는 일도 인공지능의 입장에서는 별로 어렵지 않게 할 수 있다. 정말로 금융업의 애널리스트라는 전문직마저 인공지능으로 대체된다면 그보다 덜 복잡한 일은 어떻게 될까? 기계 기반의 산업혁명으로 육체 근로자의 직업에 큰 변화가 있었듯이 인공지능 기반의 혁명적 변화가 사무직, 지식 근로자의 직업에 큰 변화를 가져오고 있다.

IBM의 왓슨 포 온콜로지

의료 분야에 여러 가지 인공지능이 있는데, IBM의 왓슨이 대표적이다. 왓슨은 현재 의료 분야에서 암 환자 진료, 유전체 분석, 임상시험 환자 매칭 서비스를 제공하고 있다. 그중 암 환자를 진료할 때 사용하는 것이 왓슨 포 온콜로지Watson for Oncology인데, 대량의 복잡한 의료 데이터를 분석하고 인사이트를 제공하여 의사의 판단을 도와준다.

왓슨 포 온콜로지는 엄청난 양의 의학 자료, 의학 학술지, 임상시험 데이터, 의학 교과서 등을 학습한다. 바로 이 '엄청난 양의 의학 데이터'라는 것이 주목할 부분이다. 2015년 단 한 해 동안만 암 관련 논문이 4만 4,000개가 발표되었다고 한다. 이미 의사 한 명이 모든 논문을 읽고 이해할 수 있는 범위를 벗어난 것이다. 이런 문제를 왓슨이 해결해준다.

왓슨에게 암 환자의 진료기록, 유전정보 등을 입력하면 이미 학습한 의료 데이터를 기반으로 가장 적합한 항암제와 항암제의 조합 방법, 방사선 치료, 호르몬 치료 등을 제안해준다. '추천 / 고려 가능 / 권하지 않는'의 세 가지 분류로 치료법을 제안하고 각각의 근거도 함께 제공한다. 혹시 왓슨의 의료 인공지능이 의사를 대체하는 것으로 생각할 수도 있는데 그렇지는 않고, 현재는 위와 같이 의사를 도와주는 조력자의 역할이다. 많은 데이터를 빠르게 학습하고 적절한 정보를 제공해준다는 점에서 왓슨 포 온콜로지는 앞에서 살펴본 금융 분석 켄쇼와 비슷한 맥락으로 활용된다고 할 수 있다.

분석을
프로세스 안으로

전통적 데이터 분석에서 중요한 것 중 하나는 데이터 시각화이다. 데이터 시각화는 데이터를 인간의 눈으로 보기 쉽도록 시각적인 형태로 변형하는 작업이다. 그런데 이것은 데이터 가치화, 프로세스 효율화 등과는 직접적인 관련이 없고 오직 데이터를 인간의 이해 수준에 적합하도록 만들기 위해 하는 작업일 뿐이다. 예를 들어 데이터의 원래 모습은 수학적으로 수십, 수백 차원이지만 인간의 뇌로는 3차원까지만 떠올릴 수 있어서 3차원으로 변형하는 식이다.

　　물론 이런 작업이 꼭 필요한 경우가 있다. 분석 대상의 내용과 특징을 있는 그대로 열거하거나 기록하여 서술하는 기술적 분석 Descriptive Analytics을 하거나, 데이터를 여러 관점으로 살펴보며 인사이트를 찾아나가는 탐색적 분석 Exploratory Analytics 등을 할 때가 그렇다.

　　그런데 과연 데이터를 활용하는 모든 일에서 지금처럼 일일이 사람이 보고 판단하는 과정을 거쳐야만 할까? 인간이 데이터를 통해 어떤 상황을 이해하는 것이 주목적인 경우를 제외하고, 그렇지 않은 경우에도 왜 이런 형태의 데이터 분석을 별도로 해야 할까? 운영 프로세스상에서 인공지능이 가장 효율적이고 좋은 방법을 도출했으면, 그대로 진행하게 하는 것이 더 낫지 않을까?

'데이터를 분석하여 인사이트를 얻어서 의사결정에 활용한다'라는 말은 무조건 옳은 것이 아니다. 데이터 분석에 대한 이런 접근은 자칫하면 훨씬 더 잘할 수 있는 일을 불완전하고 제한이 많은 인간의 능력 범위 내로 국한시킬 수도 있다. 그보다는 데이터 분석을 운영의 프로세스 안에 녹여서, 가장 좋은 방법대로 자동적으로 돌아가게 하는 것이 더 좋을 것이다. 앞에서 인공지능이 분석을 하게 하는 것에 대한 얘기를 했는데, 그보다 한발 더 나아가면 데이터 분석이라는 프로세스 자체가 필요 없을 수도 있다. 인간이 따로 일일이 보고 판단할 필요 없이 데이터 분석 단계가 자연스럽게 프로세스 안에 자연스럽게 녹아 들어가는 것이다. 이러면서 인간의 데이터 분석은 그 과정이 올바르게 진행되고 있는지를 판단할 수 있는 다른 측면으로 발전해야 할 것이다.

어디에나
쓸 수 있는 예측

2장 '지도 학습으로 예측하기'에서 예를 든 것처럼 머신러닝은 '남성 셔츠를 살 고객을 예측하기'와 같은 일을 한다. 현재 기업 내에서 인공지능이 실제로 상용화되어 효과를 보고 있는 일의 상당 부분이 예측 분야이다. 충분한 양의 그리고 잘 정제된 데이터만 있다면 머신러닝의 예측은 기업 활동의 거의 모든 영역에 활용될 수 있다.

그런데 여기서 '예측Prediction'이라는 말을 정확히 이해할 필요가 있다. 예측이라고 하면 무당이나 점쟁이가 미래를 예언하는 것처럼 미래를 예측하는 개념을 떠올릴 수 있는데, 예측 분석은 그런 것이 아니다. 예측 분석에서의 예측은 미래를 향해 있지 않고 미래에 대한 분석도 아니다. 예측 분석의 정확한 실체는 과거와 현재의 분석이다. 그래서 예측 분석을 다르게 표현하면, 예측이라는 말의 느낌과는 다르게 '현재' 분석이라고 하는 편이 더 정확하다. 과거의 데이터를 가지고 패턴 등을 찾아내어 현재를 설명하는 일이기 때문이다.

- 구매 예측 결과 '현재 이 고객은 남성 셔츠를 살 가능성이 얼마다'라는 것은 과거의 데이터로 '현재' 시점의 셔츠 구매 가능성을 나타내는 일이다.
- '지금의 바둑 대국 상황상 여기에 착수하는 것이 승리 확률이 가장 높다'라는 것은 바둑 시작 후 현재까지의 상황을 바탕으로 '현재' 착수할 수 있는 경우의 수에 대한 승리 가능성을 계산하는 일이다.
- 구글 포토에 사진을 업로드하면 자동으로 인물, 풍경, 음식 등의 태그를 달아주는데, '지금' 업로드한 이 사진이 인물 사진인지, 풍경 사진인지, 음식 사진인지 그 확률을 계산해서 처리한다.

● 사기 거래 탐지에서는 '지금' 발생한 거래가 사기 거래인지 정상거래 인지 그 확률을 계산하는 일이다.

이처럼 예측 분석은 미래가 아닌 현재를 설명하는 것이다. 그래서 예측 분석이라고 할 때는 미래라는 시간 개념을 버리고 이해하는 편이 더 바람직할 수 있다(시간적으로 미래를 예측하는 방법은 별도로 있고 이는 뒤에서 따로 다룬다).

:: 사례 ::

상담 의도 예측

고객센터에 전화를 하면 대부분 미리 녹음된 안내 음성을 듣게 된다. "개인고객은 1번, 기업고객은 2번을 눌러주세요", "이용한도 조회는 1번, 결제금액 조회는 2번, 입금 관련 문의는 3번을 눌러주세요" 등의 음성 안내 메뉴Interactive Voice Response, IVR(대화형 음성 응답)가 나온다. 그런데 이런 음성 안내 메뉴는 상당히 복잡하다. 내 문제와는 상관없는 메뉴까지 다 들으며 기다려야 하고, 필요한 메뉴가 들려서 번호를 눌러 들어가면, 또다시 하위 메뉴 안내를 들어야 한다. 또 번호를 눌러 들어가고, 또 들어가고… 이런 단계를 거치는 것이 불편한 고객센터 이용자들은 상담원과 직접 연결을 하려고 한다. 기업 입장에서는 상담원 연결 횟수가 많고 상담 시간이 길수록 비용 부담이 된다. 고객 입장에서도 번거롭고, 상담 대기 시간이 길어지면 만족도가 떨어지는 악순환이 생긴다.

이런 상황을 해결하기 위해 음성인식 등 인공지능을 대대적으로 적용해서 컴퓨터가 직접 상담을 하게 할 수도 있을 것이다. 하지만 아직은 그렇게 한 번에 끝까지 가기엔 한계가 있다. 기존 상담 업무의 데이터화, 인간의 말을 정확히 알아듣기, 알아들은 말을 처리하여 적당한 콘텐츠 생성하기, 이를 인간의 말로 표현하기 등 해결해야 할 일이 많기 때문이다. 이럴 때는 단계를 잘라서 접근하는 것이 좋다. 머신러닝으로 먼저 지금 당장의 구조를 조금 바꾸는 것으로 시작해보는 것이다.

고객센터에 전화를 하면 들리는 최초의 음성 안내 메뉴를 바꿔보면 어떨까? 지금의 문제는 기업 입장에서 전화한 고객이 필요한 메뉴가 무엇인지 모른다는 것이다. 그렇다면 고객이 왜 전화를 하는지 미리 예측을 해서 고객마다 다른 메뉴를 들려주면 어떨까? 고객이 전화를 한다면 어떤 의도에서 할지를 매일 예측하는 것이다. 그래서 고객이 실제로 고객센터에 전화를 하면 의도에 들어맞는 메뉴가 제시되도록 하는 것이다. 만약 어떤 고객이 '요금 문의' 때문에 고객센터에 전화한다면, 신기하게도 자신이 전화한 의도를 제일 처음에 듣게 된다. "요금 문의는 3번, 개인고객은 1번, 기업고객은 2번을 눌러주세요."

이는 국내 이동통신사인 SK텔레콤에서 2016년 초부터 실제로 운영하고 있는 일이다. 컴퓨터가 정답지를 학습해서 고객 각각의 전화 의도 예측 확률값을 얻는다. 여기서 정답지(학습 데이터)는 그동안 고객들이 음성 안내 메뉴를 사용했던 이력 데이터 등이다. 학습을 통해 각 음성 안내 사용자들의 여러 특징을 알아내기 때문에, 그동안 고객센터에 전화를 한 적이 없는 고객들에 대해서도 의도를 예측할 수 있다. 현재는 모든 의도에 대해 전부 예측을 하고 있지는 않고, 상담사와 연결될 필요 없이 고객 스스로 셀프 처리 가능한 메뉴 수십 개에 대해 적용하고 있다. 그럼에도 고객 대기 시간이 줄고, 상담사의 업무량이 감소하는 등 아주 유의미한 효과를 얻고 있다.

:: 사례 ::

스팸 전화 필터링

이동통신사는 스팸 전화가 고객에게 전달되지 않도록 많은 양의 스팸 전화들을 사전에 차단한다. 오래전부터 해오던 방법은 이렇다. 먼저 스팸인지 아닌지 판별할 후보 전화번호들을 매일 리스트업한다. 스팸 전화번호들은 정상적인 번호들보다 발신 통화량이 많기 때문에 매일 많은 발신을 한 전화번호를 리스트업하는 것이다. 그다음에 사람이 하나하나 살펴보고, 직접 전화를 해보기도 하면서 정말 스팸인지 아닌지 판단한다. 최종적으로 스팸이라고 판단되면 그 번호가 더 이상 전화를 하지 못하도록 차단한다. 그런데 하루 동안 확인해야 할 전화번호가 수십만 개에 달하기 때문에 사람이 전부 소화를 하지 못하고 전체 중 일부만을 확인할 수밖에 없었다.

이 일에 머신러닝 예측 모델을 적용하면 어떻게 될까? 여기서 머신러닝에게 줄 정답지(학습 데이터)는 그동안 탐지 담당자들에 의해 스팸 판별을 받았던 전화번호들이다. 즉, 음성 스팸 전화 판별 업무를 하고 있던 담당자들의 행위 그 자체가 정답지로 들어간다고 볼 수 있다. 그러면 머신러닝 알고리즘이 스팸 전화의 여러 특징을 찾아내고, 전화번호 전체에 대한 스팸 확률값을 계산해낸다. 머신러닝 알고리즘이 스팸 확률 80퍼센트 이상이라고 한 전화번호에 대해 사람이 상당 기간 전수 조사를 했는데, 모두 스팸 전화였고 정상 번호를 스팸 번호라고 잘못 예측한 것도 없었다. 그래서 머신러닝이 스팸 확률 80퍼센트 이상이라고 한 전화번호는 자동으로 차단되게 했다. 이렇게 해서, 인간이 일부만 보고 있던 상황이 머신러닝이 전수 검사하는 상황으로 바뀌었다. 머신러닝이 사람보다 더 빠르고 정확하게 스팸을 탐지하고, 스팸 확률이 높은 전화번호들을 한꺼번에 빠르게 차단할 수 있게 되었다. 이 역시 SK텔레콤에서 2016년 초부터 적용하여 운영 중인 실제 사례이다.

그러면 원래 스팸 전화 판정을 하고 있던 담당자는 어떤 일을 하고 있을까? 다 해고됐을까? 아니다. 1차 스팸 탐지 머신러닝 알고리즘은 그때까지 인간이 해오던 업무를 흉내 낸 것에 불과했다. 따라서 기존에 사람이 살펴보지 않았던 영역이나 새로 나온 유형은 머신러닝 알고리즘이 탐지하지 못한다. 그래서 인간 담당자의 역할이 머신러닝 알고리즘의 트레이너로 바뀌었다. 머신러닝 알고리즘이 스팸 판단을 잘 하고 있는지, 놓친 부분은 없는지 등을 살펴보며 그런 부분이 있다면 재학습을 위해 정답지를 수정한다.

예측으로 하는
진정한 개인화

대부분의 기업이 고객 데이터, 구매 데이터, 상품 데이터 등을 가지고 있다. 이러한 데이터를 가지고 고객별로 상품별 구매 가능성을 예측하여 타게팅하는 것은 가장 먼저 머신러닝을 시도해볼 만한 분야다. 기존에는 고객 타게팅과 고객 세그멘테이션이 거의 같은 개념처럼 취급되곤 했다. 하지만 어떤 측면에서 고객 세그멘테이션은 어쩔 수 없는 한계로 인한 타협의 산물이라고 볼 수도 있다. 그 전에는 고객 개개인별로 예측이 어려웠기 때문에 데이터 분석을 통해 일부 파악된 내용 혹은 가설을 바탕으로 적당히 몇 개의 그룹으로 고객을 묶었던 것이다.

그런데 머신러닝을 활용해서 예측하면 언제나 고객 개개인에 대한 개별적 예측값이 나온다. 따라서 그동안 당연하게 생각했던 세그멘테이션이라는 고객 관리 구조를 변화시켜 진정한 의미의 개인화 서비스를 구현할 수 있다. 예를 들어 커머스 사이트에서 구매 예측을 한다면 고객 개인별로 각각의 상품별 구매 예측 확률값을 가질 수 있다. 그러면 두리뭉실한 그룹화에서 벗어나 고객 한 명 한 명에게 다른 화면을 구성해 보여주고 더 적합한 제품을 추천할 수 있다.

:: 사례 ::

넷플릭스의 개인화 추천

넷플릭스www.netflix.com는 PC, TV, 스마트폰, 태블릿 등에서 영화와 TV 프로그램을 볼 수 있는 동영상 스트리밍 서비스이다. 넷플릭스의 추천 알고리즘은 개인 맞춤형 서비스 사례 중 가장 유명하며, 지난 수년간 수없이 언급되면서 많은 기업들의 벤치마킹 대상이 되었다. 넷플릭스는 전체 시청의 80퍼센트가 개인화 추천에 의해서 이루어진다. 넷플릭스는 인기 있는 콘텐츠가 무엇인지, 어떤 기기에서 어느 시간에 어떤 콘텐츠를 보는지, 언제 추천하면 좋을지 등 개인의 시청 성향을 분석하여 전체 콘텐츠에 대해 개인별 추천순위를 만든다. 이를 바탕으로 개인별로 모두 다른 콘텐츠를 추천한다. 2017년 8월 기준으로 넷플릭스의 가입자 수가 1억 명이 넘는데, 개인별로 첫 페이지의 구성이 다 다르니, 1억 개의 첫 페이지 화면이 존재하는 셈이다.

그리고 넷플릭스는 개인이 좋아할 만한 콘텐츠를 추천하는 단계 그 이상으로 나가고 있다. 많은 콘텐츠가 나열되어 있을 때 우리의 시각에 더 큰 영향을 주는 요소는 텍스트로 되어 있는 제목보다는 이미지일 것이다. 그래서 넷플릭스는 같은 영화를 추천하면서도 사용자 개인별로 선호할 이미지를 예측하여 자동 생성시킨 후 개인별로 다르게 보여준다. 예측을 머신러닝으로 하는 것은 당연하고, 이미지를 자동으로 만드는(103쪽의 '콘텐츠 생성에 활용' 참조) 일도 머신러닝으로 한다.

예를 들어, 〈펄프 픽션〉이라는 영화를 추천한다고 할 때 사용자가 그동안 배우 우마 서먼이 출연한 영화를 많이 본 사람이라면 우마 서먼이 보이는 이미지를 만들어 보여주고, 존 트라볼타의 팬이라면 존 트라볼타가 나온 이미지를 만들어 보여주는 식이다(넷플릭스의 추천은 '7장 일하는 방식의 변화'에서 다시 살펴본다).

| 그림 11 | 넷플릭스의 개인별 맞춤 이미지 추천
(출처: Netflix Technology Blog, Artwork Personalization at Netflix, https://medium.com/netflix-techblog/artwork-personalization-c589f074ad76)

시각 인지력의
활용

현재 인공지능의 이미지 인식 수준은 어느 정도일까? 특정 분야에서 이미 인간의 시각적 인지 능력을 넘어섰다. 사람 얼굴 인식 실험이 대표적인 사례다. 서로 다르게 찍힌 6,000쌍의 사람 얼굴 사진을 보고 같은 사람인지 아닌지 판별하도록 하면 인간의 정확도가 97.5퍼센트다. 2014년에 페이스북이 만든 얼굴 인식용 인공지능 딥페이스 DeepFace가 97.35퍼센트로 인간에 거의 근접했고, 2015년 3월에 구글이 만든 페이스넷FaceNet이 99.63퍼센트로 인간을 뛰어넘었다. 그리고 2015년 6월에 딥러닝 최고 권위자 앤드류 응Andrew Ng 박사가 당시에 이끌었던 중국의 바이두가 99.77퍼센트의 정확도를 보였다. 인간보다 정확하다는 것도 중요하지만, 인간보다 훨씬 더 빠르게 많은 양을 인식할 수 있다는 것도 중요하다.

:: 사례 ::

의료 이미지 판독

이런 이미지 인식 기술이 X-Ray, CT, MRI 등의 의료 이미지 분석에 적용되고 있다. 지브라 메디컬 비전Zebra Medical Vision이라는 이스라엘의 의료 인공지능 스타트업의 딥러닝 기반 영상 분석이 한 예다.

이 기술은 유방 X-Ray 사진을 판독하여 유방암을 진단할 때 이미 영상의학과 전문의를 대체할 수 있을 정도의 성능을 보여주고 있다. CT 촬영으로 지방간, 관상동맥 칼슘 과다, 폐기종, 저골밀도, 척추압박골절을 발견해주는 의료 영상 분석은 2017년 6월에 유럽 보건 당국의 승인까지 받았다.

당뇨 때문에 눈에 생기는 합병증인 당뇨성 망막병증이라는 질병이 있다. 자칫하면 실명에 이르기도 하는 질병이다. 이 망막병증은 사진 판독으로 진단한다. 〈그림 12〉와 같이 안구를 찍은 사진을 의사가 눈으로 살펴보면서 망막 내 미세혈관 이상을 살펴보는 방식이다.

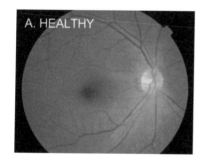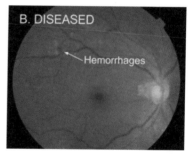

| 그림 12 | 망막병증의 사진 판독
(출처: Lily Peng and Varun Gulshan, 'Deep Learning for Detection of Diabetic Eye Disease', Google Research Blog, 2016)

그런데 구글이 주로 시각적 이미지를 처리하는 딥러닝인 CNN으로 안과 전문의보다 당뇨성 망막병증을 더욱 정확하게 판독할 수 있다는 연구 결과를 발표했다(2016년 11월). 위와 같은 사진의 판독은 인간이 실수하기가 쉽다. 그래서 의사들의 판독은 가끔은 동일한 사진에 대해 '정상'에서부터 '심각'까지 전혀 다른 판독 결과가 나오기도 한다. 의사의 실력, 경험, 컨디션 등 인간적인 요소에 의해 발생하는 차이일 것이다. 인공지능이 높은 정확도로 일관된 판독을 하게 함으로써 이런 약점을 해결할 수 있다. 판독 자체의 고성능도 훌륭하지만, 이러한 '고성능의 일관성'도 매우 중요한 장점이다.

의료·헬스케어 분야는 인공지능 활용에 대한 연구가 가장 활발히 진행되는 분야 중 하나다. 크고 작은 회사, 대학, 연구기관들에서 다양한 시도를 하고 있고 가시적인 성과도 계속 나오고 있다.

:: 사례 ::

월마트의 진열대 스캔 로봇

세계적인 소매 유통 업체 월마트Walmart는 2017년 10월에, 지난 3년간 일부 매장에서 시험 적용해오던 진열대 스캔 로봇을 미국 내 여러 매장으로 확대 적용한다고 발표했다. 이 진열대 스캔 로봇은 혼자 매장을 돌아다니면서 내장된 카메라로 상품 진열대를 스캔하여 판매 소진된 상품, 잘못 부착된 가격표 등을 식별하여 알려준다. 3D 이미지 처리 기술을 이용해 로봇 스스로 사람이나 장애물을 피해 경로를 조정한다. 제레미 킹Jeremy King 월마트 미국 및 전자상거래 CTO에 따르면,

이 스캔 로봇이 인간보다 선반을 훨씬 정확하고 3배 빠르게 스캔하여 정보를 파악할 수 있으며 인간보다 50퍼센트 더 생산적이라고 한다.

| 그림 13 | 월마트의 진열대 스캔 로봇
(출처: YouTube의 Walmart Tests Automation to Scan Shelves, Free up Time 캡처)

콘텐츠 생성에
활용

흔히들 인공지능의 시대에는 단순한 일은 인공지능에게 맡기고 인간은 창조적인 일을 해야 한다고 한다. 창조는 오직 인간만의 영역이라는 것이다. 그런데 과연 그럴까? 2장에서 살펴봤듯이 생성 모델을 활용한 이미지 만들기, 음악 만들기 등 인공지능을 이용해서 무언가를 만들어내는 분야도 다양한 연구가 진행 중이다.

머신러닝으로 인간이 그린 것과 구별할 수 없는 그림을 그린다든지, 음악을 만들어낸다든지 하는 소식이 계속 들려오고 있다. 뉴스 기사를 인공지능이 쓰기 시작한 지도 이미 수년이 지났다. 〈AP 통신〉이 분기당 3,000개 이상의 기사를 인간이 아닌 시스템으로 자동 생성하고 있다고 밝힌 것이 2014년이다. 상장사의 실적, 매출, 주가 변동과 같은 경제 뉴스와 스포츠 경기의 결과 요약 뉴스 등과 같이 어느 정도 정형화된 기사는 이미 사람이 아닌 기계가 쓰고 있다.

기존의 것들을 바탕으로 비슷한 것을 만들어내는 것은 이제 더 이상 인간의 영역이 아닐 수도 있다. 그런 일은 인공지능이 훨씬 더 빠르게 잘할 수 있다. 그렇다면 인간의 창작 능력은 퇴보할 것인가? 그렇지 않을 것이라고 예상한다. 인간이 인공지능에게 무언가를 창작하게 하면 그 창작물이 다시 인간에게 영향을 줄 것이다. 기존 것들과 비슷한 것들을 쉽게 만들 수 있게 되면서 오히려 새로운 차원의 영감을 더 많이 얻게 되지 않을까? 기존의 경계 이상으로 더 쉽게 나가게 되지 않을까? 패턴을 반복하기 쉬워지면 인간은 그것을 뛰어넘는 그 이상을 창작하게 되지 않을까? 그리고 그 새로운 창작이 다시 인공지능에 학습되어 인간은 다음 단계를 또 쉽게 넘어서게 되지 않을까? 그렇게 된다면 전체적인 인간의 창작 능력은 지금과는 비교할 수 없을 만큼 월등해질 것이다.

애니메이션 만들기에 활용

영화나 게임의 3D 애니메이션은 모든 동작 하나하나의 이미지들을 이어 붙여서 만든다. 그래서 정교한 애니메이션을 만들기 위해서는 많은 시간과 비용, 그리고 사람의 수작업이 필요하다. 이러한 애니메이션 제작에 머신러닝을 적용하려 하고 있다. 영국 에든버러 대학교와 메소드 스튜디오Method Studios는 다양한 종류의 동작을 머신러닝을 활용해 자동으로 만드는 시스템을 개발했다. 캐릭터가 여기서 저기로 이동하는 모습을 만들기 위해 지금은 이동 과정의 모든 이미지를 만들어 이어 붙여야 했다면, 이 시스템에서는 '이렇게 이동해라, 지형지물은 이렇다' 하고 조건만 던질 뿐이다. 그러면 〈그림 14〉처럼 머신러닝이 지형지물에 가장 어울리는 동작으로 애니메이션을 만들어준다.

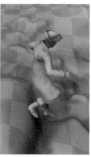

| 그림 14 | 인공지능으로 애니메이션 만들기
(출처: Daniel Holden, Taku Komura, Jun Saito, Phase-Functioned Neural Networks for Character Control, 2017)

그림 그리기에 활용

2017년 4월에 구글은 오토드로www.AutoDraw.com라는 서비스를
오픈했다.

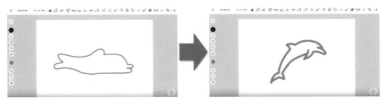

| 그림 15 | 구글의 오토드로
(출처: YouTube의 AutoDraw: Fast Drawing for Everyone 캡처)

사람이 대충 그림을 그리면, 머신러닝이 '이런 형태라면 이것을
원하는 거죠?' 하는 식으로 여러 그림들을 제시하고, 그중 하나를 선
택하여 그림을 그려간다. 즉, 사용자가 어떤 형태의 선이나 점을 그리
면 머신러닝이 '이런 식으로 그림을 그리는 의도는 결국 돌고래, 물고
기, 바나나 그림을 그리려는 의도일 것'이라고 순식간에 예측한 후 그
예측한 결과를 제시하여 선택하게 하는 것이다. 굳이 전문 디자이너의
손을 빌리지 않더라도, 누구든 조금만 만지면 그럴듯한 그림을 얻어낼
수 있다. 이렇게 창작의 도구로서 머신러닝이 이미 활용되고 있으며,
앞으로 더 넓은 범위에서 다양한 방식으로 활용될 것이다.

소설 쓰는 인공지능

일본 하코다테 미래대학 마쓰바라 진 교수팀은 인공지능을 이용해 공상과학 소설을 쓰는 프로젝트를 몇 년째 진행 중이다. 어느 정도의 성능인지 객관적으로 알아보기 위해 매년 열리는 '호시 신이치 상'이라는 문학상에 꾸준히 출품을 했는데, 2016년에 드디어 1차 예심을 통과했다. 인간이 쓴 소설과 인공지능이 쓴 소설을 구분할 수 없게 된 것이다. 아직은 소설의 스토리까지 인공지능이 만들어내는 것은 아니고 인간이 정해준 방향에 맞추어 문장을 구성하는 수준이다. '언제, 어떤 날씨에서 무엇을 하고 있는지'라는 요소를 넣도록 지시하면 인공지능이 문장을 만들어낸다. 이 소설의 도입부 문장은 이렇다.

'그날은 구름이 드리워져 흐린 날이었다. 방 안은 언제나처럼 최적의 온도와 습도. 요코는 흩어진 모양새로 소파에 앉아 영양가 없는 게임으로 시간을 죽이고 있었다.'

작곡하는 인공지능

인공지능은 작곡도 한다. 2016년 9월 소니의 CSL 연구소는 인공지능이 만든 노래 〈Daddy's Car〉를 발표했다. 비틀즈의 음악과 비슷한 느낌을 주는 이 노래는 유튜브 등에서 쉽게 찾아 들을 수 있다.

사전 정보 없이 들으면 인공지능이 만들었다고는 생각하기 힘들 만큼 그럴듯하고 듣기에도 좋은 노래이다. 사용자가 장르나 특정 아티스트를 선택하면, 수많은 음악을 데이터화한 인공지능이 그런 스타일에 맞게 작곡을 한다.

:: 사례 ::

그림 그리는 인공지능

| 그림 16 | 인공지능이 그린 렘브란트 화풍의 초상화
(출처: The Next Rembrandt, 2016)

'넥스트 렘브란트The Next Rembrandt'는 마이크로소프트, 네덜란드 델프트 과학기술대학, 네덜란드 렘브란트 미술관 등이 함께 인공지능으로 렘브란트의 화풍을 재현하는 프로젝트이다. 〈그림 16〉의 초상화는 2016년 4월 넥스트 렘브란트에서 발표한 딥러닝으로 만들어낸 그림이다. 기계가 그렸다고 알려주지 않고 렘브란트가 그린 그림이라고 하면 의심 없이 그렇게 믿을 만큼 그럴듯하다. 프로젝트 팀은 딥러닝으로 렘브란트의 모든 작품을 학습시켰는데, 3D 스캔을 통해 그림 표면에 있는 붓질의 질감까지 모두 데이터화하여 학습시켰다. 이 초상화는 평면에 인쇄를 한 것이 아니라 3D 프린팅을 한 것이고, 그림을 옆에서 자세히 보면 붓질의 질감도 살아 있는, 높이가 있는 3차원의 실물 그림이다.

인간의 말로
일하게 하기

대중이 가장 쉽게 피부로 느낄 수 있는 인공지능 활용 방식은 자연어 처리 기술이 직접적으로 드러나는 방식이다. 특히 음성 인식·처리 기술로 편하게 말을 해서 대화하듯 사용하는 방식이 그렇다. 1장에서 언급했듯이 스마트폰에 탑재되어 있는 구글의 어시스턴트와 애플의 시리, 스피커 형태로 서비스되는 아마존의 알렉사, 구글의 홈, SK텔레콤의 NUGU 같은 것들이 음성을 이용하는 인공지능 서비스들이다.

이와 같은 서비스는 인간과 컴퓨터의 연결 영역, 즉 HCIHuman-

Computer Interaction 영역에 자연어 처리 및 음성 인식 기술을 적용한 것이다. 인공지능 스피커에 어떤 음악을 틀어달라고 하고 잠시 뒤에 그 음악이 스피커에서 흘러나올 때, 어떤 음악을 틀어달라는 명령 입력 부분만 달라진 것일 뿐 나머지 프로세스들은 기존과 같다. 음악 서비스 화면에서 음악을 검색해서 플레이하는 것과 같은 프로세스가 밑단에서 똑같이 벌어지고 있으니 말이다. 인공지능 스피커로 어떤 물건을 주문하거나, 날씨를 물어보거나, 교통 상황을 확인할 때도 마찬가지다. 손으로 입력하던 것을 말로 한다는 것만 달라진 것이다.

그래서 입력 방식만 바뀐 것이지 이것이 무슨 인공지능이냐고 하는 시각도 있다. 하지만 인간의 언어 그대로를 통해 기계를 사용함으로써 기계 이용의 형태가 바뀌는 것이기에, 그 의미가 결코 작지 않다. 키보드를 이용한 프로그래밍에서 마우스가 추가된 그래픽 유저 인터페이스Graphical User Interface로, 그리고 스마트폰 대중화 이후의 터치스크린 인터페이스 방식을 넘어 이제 다음 단계가 시작된 것이다. 자연어 처리와 음성 인식 기술이 여기저기에 접목되며 많은 것들을 편리하게 변화시키고 있다. 자연어 처리를 기반으로 한 기계와 인간의 인터페이스 변화는 이미 스마트폰 사용과 자동차 내비게이션 사용 등에 적용됐고, PC와 가전제품 사용, 고객센터의 상담 업무 등 우리 일상의 여러 부분으로 확장되고 있다.

상담 업무 시키기

미국 조지아텍 대학의 한 온라인 과정은 한 학기에 300명 정도가 수강하는데 강의 내용, 과제 내용, 과제 제출 기한, 성적 등에 대한 학생들의 질문이 끊이지 않는다. 게시판에는 학기당 1만 개 이상의 질문이 올라오는데, 조교 9명이 하는 주요 업무가 바로 이 질문에 답을 하는 것이다.

질 왓슨Jill Watson은 2016년 1월부터 이 수업의 조교로 일했다. 질 왓슨은 혼자서 질문의 40퍼센트가량을 소화할 정도로 열성적인 조교였다. 질문의 의도를 잘못 파악하거나, 정확하지 않은 답을 하는 경우는 거의 없었다. 학생들에게 확신을 가진 태도로 분명하게 답했으며, 종종 토론을 장려하는 메시지를 보내기도 했다. 가끔 속어도 사용하며 자연스럽게 글을 올렸다. 질 왓슨은 가장 인기 있는 조교였고, 학생들 대부분은 질 왓슨이 박사 과정을 준비하는 20대 백인 여성이라고 생각했다. 그해 4월 말, 이 수업을 진행하는 아쇽 고엘Ashok Goel 교수가 질 왓슨이 사실은 인공지능이라고 밝히자 학생들은 깜짝 놀랐다.

물론 특정 영역에 한정된 대화만 주고받은 단편적인 얘이기는 하지만 기계와 인간이 점차 자연스러운 대화를 시작하고 있다. 어느 정도의 시간이 지나면, 더 폭넓은 상담 업무 등에서 인공지능이 인간의 역할을 대신하게 될 것이다.

미래
예측

앞에서 예측prediction은 미래가 아닌 현재를 설명하는 것이니, 미래라는 시간 개념을 버리고 이해하는 편이 더 바람직할 수 있다고 했다. 그때, 혹시 이런 의문이 생기진 않았는가? '과거 3년간의 월별 매출 데이터를 기반으로, 향후 3개월간의 매출을 예측하려고 한다. 이럴 때는 분석의 초점이 미래를 향해 있지 않은가? 왜 예측 분석이 현재를 설명한다고 하나?' 이렇게 미래의 매출액 예측, 미래의 제품 수요 예측, 미래의 원자재 가격 예측 등과 같은 시계열적time series 미래 예측은 어느 기업에나 필요한 일이다. 그런데 이런 것은 'prediction'이 아니다. 분석 목적이 미래에 있고 시간의 개념이 중요한 것은 'forecasting'이라고 한다. 공교롭게도 한국어로 하면 둘 다 '예측'이 되니 혼동하기 쉬운데, prediction은 현재의 잘 모르는 것을 알고자 하는 것이고, forecasting는 미래를 알고자 하는 것으로서 서로 다르다.

어쨌든 이런 미래 예측을 정확히 할 수 있다면 얼마나 좋을지 말할 필요도 없을 것이다. 제조업체에서 미래 제품 수요 예측을 한다면 딱 적당한 수량만 만들면 될 것이다. 원자재의 가격 변동을 예측할수 있다면 가장 저렴한 가격에 미리 구매하거나 가격이 내려갈 시점까지 기다릴 수 있을 것이다. 마트, 편의점 같은 유통업체에서도 마찬가지로 활용할 수 있다.

식품 프랜차이즈 업체의 제품 주문에 활용할 경우를 예로 들어 보자. 가맹점에서 매일 본사와 연결되어 있는 주문 시스템을 통해 여러 종류의 제품을 몇 개씩 주문한다. 어떤 날은 필요 이상으로 많이 주문을 해서 재고가 남는다. 식품은 유통 기한이 길지 않기 때문에 재고는 그대로 손해이다. 그래서 다음 날에는 적게 주문해서 오전에 다 팔았는데, 하필이면 그날따라 오후에 그 제품을 찾는 고객들이 많았다. 그러면 고객들은 원하는 제품을 사지 못하고, 가맹점과 본사는 판매 기회를 잃는다. 이럴 때 모든 가맹점별로 모든 개별 상품별 판매 데이터를 가지고 있다면, 각 가맹점별·상품별로 수요 예측을 할 수 있다. 매일 가맹점의 주문 화면 안에 상품별 주문량을 제안할 수도 있을 것이고, 장기적으로 자동주문 시스템으로 발전시킬 수도 있을 것이다.

forecasting은 이와 같이 미래의 수치를 예측하는 것 이외에 조금 다른 성격의 기능도 포함돼 있다. 예측 시뮬레이션을 하는 것이다. 예를 들어, 가격을 5퍼센트 올릴 때 3개월 후 판매량 예측, 가격을 5퍼센트 내릴 때 3개월 후 판매량 예측처럼 각 요인과 예측값 간의 관계에 초점을 맞추는 것이다. 이는 매출 또는 수익이 극대화되는 최적의 가격을 결정할 때 활용할 수 있다.

그런데 인공지능이라고 해서 모든 일을 잘할 수 있는 것은 아니다. 머신러닝이 아무리 대단하다고 해도 결국 데이터 활용 방법에 불과하다. 따라서 머신러닝의 성능은 머신러닝에 넣을 데이터의 범위로 한정된다. prediction이 과거의 데이터를 기반으로 현재를 설명하는 것인 데 비해, forecasting은 그 이상을 가보려는 시도이다. 그런데 현재보다 조금이라도 뒤의 시간인 미래에 무슨 변화가 어떻게 생길지 다 알 수는 없고 모두 데이터화할 수도 없다. 아무리 개별 제품별 수요 예측을 잘 해놓아도, 내일 갑자기 경쟁사가 예상하기 어려운 이례적인 마케팅을 하거나, 천재지변이 발생하거나, 국제 정세가 갑자기 변하거나, 제품과 관련된 사회적 이슈가 생길 수도 있다. 그러면 예측은 틀릴 수밖에 없다. 이런 것들은 예측을 하는 시점에 미리 데이터화하여 머신러닝에 넣기 어렵다. 아직 오지 않은 미래를 정확하게 예측한다는 것은 아무리 인공지능이라도 한계가 있다는 것이다. 이런 부분까지 보완하기 위해서는 이런 예측을 장기적으로 운영하면서 어떤 변수가 어떤 영향을 미쳤는지에 대한 데이터를 축적해두어야 한다. 그러다가 갑자기 어떤 일이 발생하면, 과거에 유사한 변수가 어느 정도의 영향을 미쳤는지를 바탕으로 예측을 조정한다. 실시간 예측이 필요하다면, 이러한 데이터의 입력과 각 데이터별 영향도 계산 등이 연속적으로 이루어지는 방법continuous learning을 쓸 수도 있다.

머신러닝의
활용처

지금까지는 이해를 돕고 감을 잡도록 하기 위해 일부 활용 방식에 대한 설명과 단편적 사례를 소개했는데, 여기서는 머신러닝 활용처를 개괄해보고자 한다. 먼저 맥킨지McKinsey&Company가 'The Age of Analytics: Competing in a Data-Driven World(Nicolaus Henke 외, 2016)'에서 말한 머신러닝 활용처이다. 현재 머신러닝은 특히 다음 세 가지 영역의 문제를 잘 해결한다.

- **분류**classification
  - 이미지나 영상에서 물건, 얼굴 등을 인식하여 분류하는 것
  - 글자와 글을 분류하는 것
  - 소리를 분류하는 것
  - 데이터를 그룹화하여 묶는 것
  - 연관성을 발견하는 것
- **예측**prediction
  - 어떤 일의 발생 가능성을 예측하는 것
  - 가치 판단을 하는 것
  - 수요 등을 예측forecasting하는 것
- **생성**generation
  - 그림과 같은 시각적 이미지를 만들어내는 것
  - 글을 쓰는 것
  - 음악 등의 소리를 만드는 것
  - 다른 데이터를 만드는 것

이런 일들을 사람보다 더 잘 한다. 사람이 할 수밖에 없겠다고 여겨지는 일들도 머신러닝을 쓰면 더 적은 비용으로, 더 빠르게, 더 잘 할 수 있다. 그래서 이런 영역의 일들은 앞으로 사람이 아닌 기계가 하게 될 것이다.

다국적 컨설팅 회사 PwCPricewaterhouse Coopers는 인공지능에 의해 가장 큰 기회를 가질 영역을 산업별로 보면 〈표 4〉와 같다고 했다.

인공지능은 기업의 업무와 개인의 직업 활동 전반에 엄청난 변화를 가져올 것이다. 인공지능이 매우 강력한 데이터 처리 도구임을 명확히 인식하고, 자신의 업무에서 머신러닝을 활용할 부분들을 찾아내야 한다. 머신러닝을 잘 활용하기 위해서는 데이터를 수집·저장해야한다. 그리고 적극적으로 머신러닝을 도입하여 업무를 개선하고 혁신해야 한다. 기존 프로세스를 새 방식에 맞도록 변화시켜야 한다.

개인 입장에서는 여러 기회와 위험이 공존한다. 기술의 발전으로 산업의 형태가 바뀌면 전에 없던 새로운 일자리가 생긴다는 것은 과거에도 반복적으로 나타난 현상이었다. 앞으로 머신러닝을 도입하고 운영하는 과정에서 새로운 일거리가 많이 생길 것이다. 반면에 인공지능으로 인해 많은 직업이 없어질 것이다. 분류, 예측 등 머신러닝의 강점 분야와 직업의 핵심 분야가 겹치면 정말 그렇게 될 수 있다. 그럴수록 인공지능을 도입하는 일에 앞장서는 것이 좋다. 그래야 특정 분야의 전문 지식을 바탕으로 한 인공지능 도입 및 운영이라는 새로운 일을 할 수 있다.

산업	응용 분야
헬스케어	데이터 기반 질병 진단 / 전염성 질병의 조기 탐지와 추적 / 이미지 · 영상 의료 데이터 판독
자동차	자율 주행 / 운전자를 지원하는 반자동 기능 / 엔진 모니터링, 고장 예측, 자율 유지 보수
금융 서비스	개인 맞춤형 재무 계획 / 사기 탐지 및 자금 세탁 방지 / 금융 업무 프로세스 자동화
소매	개인 맞춤형 디자인과 생산 / 수요 예측 / 재고 최적화 및 납품 관리
기술, 커뮤니케이션, 엔터테인먼트	미디어 보관 및 검색 / 맞춤형 콘텐츠 제작 / 개인 맞춤형 마케팅과 광고
제조	제조 프로세스 모니터링 및 자동 수정 / 공급 체인과 생산 최적화 / 주문형 생산
에너지	스마트 미터링 / 효율적 운용과 저장 / 예측 기반 인프라 관리
운송 및 물류	자동 운송 / 교통 통제 및 교통 체증 감소 / 보안 향상

| 표 4 | 인공지능에 의한 기회가 커질 분야

(출처: Sizing the prize report: PwC's Global Artificial Intelligence Study: Exploiting the AI Revolution, 2017)

A   I

4장   **오해 속의 빅데이터**

in business

빅데이터는
SNS 분석이 아니다

인공지능의 시대에 빅데이터는 이미 살짝 지나간 키워드가 아닌가 할 수도 있겠다. 수년간 빅데이터라는 말은 많이 했는데, 이를 통해 획기적으로 매출을 올렸다거나 비용을 감소시켰다는 소식은 들어본 적이 없을 것이다. 빅데이터는 사실 별 의미 없는 그저 지나간 유행어가 되어가고 있는 것 같다. 그런가 하면 빅데이터는 인공지능, 머신러닝, 4차 산업혁명 등의 최신 유행어들과 연계하여 생각되지 않고 별개의 것으로 취급되기도 한다. 과연 빅데이터는 인공지능과 별개일까? 물론 그렇지는 않다. 대중적으로 가장 오해가 큰 것이 바로 이 빅데이터이다. 많은 기술이 실제 모습과 대중의 이해 사이에 간극이 있지만, 특히 빅데이터에 대한 오해는 너무 크다.

빅데이터에 대해 우리나라에서만 볼 수 있는 독특한 현상이 있다. 그것은 아직도 많은 사람들이 빅데이터라고 하면 〈그림 17〉과 같은 이미지를 떠올린다는 것이다(이런 그림을 워드 클라우드word cloud라고 한다).

이런 이해를 바탕으로 다음과 같이 얘기한다. 뉴스 제목들이다.

- '빅데이터 분석 결과, 인기 예능 프로그램 1위는…'
- '빅데이터 분석 결과, 호감도 1위 상품은…'

| 그림 17 | 워드 클라우드

- '빅데이터 기반 브랜드 평판 조사 1위는...'
- '빅데이터로 분석한 주식 시장 심리는…'

그런데 위와 같은 것만 빅데이터 분석이라고 해서는 안 된다. 위의 예들은 트위터와 같은 SNS상의 텍스트를 수집해 분석한 것들이기 때문에 SNS 텍스트 분석이라고 하는 것이 더 옳다. 물론 SNS 텍스트 분석이 빅데이터 분석이 아니라고 할 수는 없고, 빅데이터 분석의 일종이라고 할 수 있겠다. 하지만 SNS 텍스트 분석이 곧 빅데이터 분석의 전부인 것처럼 통용되는 것은 잘못이다. 이는 마치 스포츠 안에 수많은 종목이 있고, 수많은 종목 중 구기 종목이 있으며, 또 수많은 구기 종목 중에 축구라는 것이 있는데, 이상하게도 유독 축구만을 스포츠라고 하고 축구를 스포츠와 동일시하는 것과 같다.

물론 이런 오해 없이 빅데이터 분석과 SNS 텍스트 분석의 관계를 잘 알고 있는 사람들도 많다. 하지만 전체적으로 보면 오해가 여전히 너무 크다. 지금까지도 각종 미디어에서는 '빅데이터 분석에 따르면…'이라는 말로 SNS 텍스트 분석 내용을 전하고 있다. 빅데이터라는 개념이 처음 도입되었던 시기에는 잠깐 그렇게 이야기할 수도 있었다. SNS의 텍스트는 일반 대중이 쉽게 접할 수 있는 데이터이고, 빅데이터의 한 예로 들기에 좋았으니 말이다. 하지만 4차 산업혁명을 이야기하는 지금까지도 이런 오해가 해소되지 않고 오히려 고착화되고 있으니 안타까운 일이다.

우리나라에서 유독 SNS 텍스트 분석이 곧 빅데이터 분석이라고 통용되게 된 이유가 있다. 우리에게 빅데이터라는 말이 크게 유행하기 시작한 때가 2012년이었는데, 이때 트위터와 같은 SNS의 인기가 높아지며 대량으로 공개된 한글 텍스트 데이터가 생겼다. 당시 대용량 데이터 분산 처리 기술인 하둡hadoop의 실무 적용이 진행 중이었다. 그해 연말에는 선거가 있었기 때문에 미디어에서 대중의 생각을 읽어야 하는 니즈가 아주 컸다. 이런 몇 가지 상황이 맞아떨어지면서 자연어 처리 기술에 기반하여 텍스트 데이터에서 유용한 정보를 추출·가공하는 텍스트 마이닝text mining 기법으로 SNS 텍스트를 많이 분석했고, 그 결과가 '빅데이터 분석'이라는 이름으로 대중에게 소개됐다.

이런 과정을 거치면서 일반 대중은 SNS 텍스트 분석을 빅데이터 분석으로 알게 됐고, 지금까지 그 인식이 이어지고 있는 것이다. 물론 SNS 텍스트 분석 자체는 큰 효용이 있다. 대중이 직접 생산한 데이터를 통해 대중의 관심사가 어떻게 변화하는지 등을 읽을 수 있다. 기업이 가지고 있는 데이터만으로는 알 수 없는 트렌드를 분석할 수도 있다. 하지만 그렇다고 해서 그것이 빅데이터 분석의 전부는 결코 아니다.

기업 현장에서는 이 오해가 의외로 데이터 활용을 방해하는 요인으로 작용한다. 빅데이터라고 하면 자신의 생산 설비에서 나오는 로그 데이터나 자신의 판매 데이터 등과 같이 기업 스스로 가지고 있는 데이터가 먼저 떠올라야 한다. 그런데 SNS 텍스트와 관련된 빅데이터에 대한 오해는 기업이 자신의 데이터에 집중하는 것을 방해한다. 무궁무진하게 활용할 수 있는 좋은 도구를 SNS 텍스트 분석으로 이해하는 것은, 마치 우리 은하계 안의 모든 별들 간의 거리를 수 초 만에 계산할 수 있는 고성능 컴퓨터를 간단한 메모 작성 장치로만 생각하는 것과 같다.

불필요하고 해로운 빅데이터

빅데이터에는 또 다른 더 큰 문제가 있다. 먼저 아래의 예시를 보자. 기업 내에서 자주 하는 말들이다.

- '빅데이터' 분석을 해서 고객이 왜 이탈하는지 알아보고, 고객 이탈을 방지하자.
- '빅데이터' 분석을 해서 고객에게 맞춤형 추천을 하자.
- '빅데이터' 분석을 해서 앞으로 매출이 어떻게 될지 예상해보자.
- '빅데이터' 분석을 해서 생산 효율을 높이자.

이상의 예에서는 빅데이터를 SNS 텍스트로 생각하고 있지는 않다. 가지고 있는 데이터를 잘 활용해서 무엇인가 해보려고 하는 좋은 의도가 담겨 있다. 그런데 문제는 도무지 빅데이터라고 할 필요가 전혀 없는데 군이 빅데이터라고 한다는 것이다. 위의 예들은 아래와 같이 말해야 한다.

- '고객' 분석을 해서 고객이 왜 이탈하는지 알아보고, 고객 이탈을 방지하자.
- '고객별 상품 구매 패턴' 분석을 해서 고객에게 맞춤형 추천을 하자.
- '매출 추이' 분석을 해서 앞으로 매출이 어떻게 될지 예상해보자.
- '생산 프로세스' 분석을 해서 생산 효율을 높이자.

데이터 앞에 '빅'이라는 말을 붙여서 얻는 효용이 무엇일까? 전혀 없다. 오히려 해롭다. '빅'이라는 말은 오해를 만들고, 데이터 분석 방향에 혼돈을 주고, 기대 수준에 대한 차이를 만든다. 빅데이터 분석이라고 말하는 기저에는 무언가 특별한, 완전히 새롭고, 엄청난 인사이트를 바라는 잘못된 기대가 깔려 있다. 빅데이터 분석은 그냥 데이터 분석과는 다른 어떤 멋진 것이라는 허황된 기대 말이다. 빅데이터라는 말은 종종 책임 회피의 의미도 내포한다. '빅데이터는 무언가 어려운 기술이다, 기술자들이 하는 것이다, 데이터 전문가가 하는 일이다, 나는 잘 모른다, 누군가 빅데이터 분석으로 무언가 멋진 것을 가져왔으면….'

2부와 3부에서 살펴보겠지만, 데이터 분석은 데이터 활용 전체에서 작고 쉬운 편에 속하는 일이며 가장 중요한 요소도 아니다. 일의 올바른 방향과 목적을 정의하고, 데이터에서 도출한 인사이트를 적용하기 위해 프로세스를 변경하고, 조직 관리와 변화 관리를 하는 것 등이 훨씬 중요하고 더 어렵다. 그런데 '빅'이라는 한 글자 안에는 자칫하면 데이터를 둘러싼 여러 일들에서 정작 데이터를 활용할 주체들의 역할과 책임을 제외하는 의식이 담기기도 하는 것이다.

대상이 아닌 수단으로서의 빅데이터

'빅데이터'와 '분석'이라는 두 단어를 합쳐서 '빅데이터 분석'이라고 흔히 말한다. 그리고 빅데이터 분석이라고 할 때는 빅데이터'를' 분석

한다고 서로 이해한다. 분석의 목적이자 대상으로 인식하는 것이다. 그런데 과연 빅데이터가 분석을 하는 대상일까?

앞에서 빅데이터 대신에 고객 데이터, 로그 데이터 등의 제대로 된 이름으로 목적성을 담아 표현해야 한다고 했다. 통칭이 필요하다면 그냥 데이터 분석이라고 하면 된다. 그러니 분석 대상으로서 빅데이터 라는 말은 의미가 없다. 그렇다면, '빅'이란 말의 원래 뜻인 '크다'라는 의미를 전달한다는 측면은 어떨까? 이것도 별로 의미가 없다. '빅'이라 는 말 자체는 기준 정보를 담고 있지 않기 때문이다. 무엇보다 크다는, 무엇보다 작다는 개념이 없다. 누구에게는 큰 데이터가 누구에게는 작은 데이터일 수 있다. 이제 사업을 막 시작한 작은 스타트업에게는 너무 커서 버거운 데이터가 대기업에게는 작은 데이터일 것이다. 한국에 서는 이동통신사, 포털 사이트 등이 큰 데이터를 가지고 있지만 미국 의 이동통신사나 구글 입장에서 한국 기업의 데이터는 그렇게 크지 않을 것이다. 그래서 빅데이터는 데이터의 크기를 표현하는 의미로서도 가치가 없다.

그렇다면 이제 무슨 의미가 남을까? 우리는 빅데이터를 빅데이터 '기술'로 이해해야 한다. 분석할 대상으로서의 그 무엇이 아니라, 예전에는 다루기 힘들었던 아주 큰 데이터도 쉽고 빠르게 처리할 수 있게 해주는 기술의 집합으로 인식하는 것이 더 도움이 된다. 분석 대상이 아니라 그런 분석을 할 수 있는 수단으로 생각해야 한다.

앞에서 인공지능과 머신러닝에 대해 살펴봤다. 이런 것들이 최근에 개발되었다고 생각할 수 있지만, 대부분의 인공지능, 머신러닝 알고리즘은 그 이론 근간이 수십 년 전에 개발됐다. 예를 들어, 딥러닝의 근간인 인공신경망 이론은 1940년대에 나왔다. 그런데 왜 그동안 잘 쓰지 못했을까? 이론 자체의 보완할 부분들도 있었지만, 머신러닝은 많은 양의 데이터에 대해 아주 많은 계산량을 필요로 하기 때문이었다. 기존의 컴퓨팅 환경에서 소화할 수 없는 너무 많은 계산량 때문에 도저히 상용화를 할 수 없었다. 그 전에, 그렇게 처리할 많은 양의 데이터를 제대로 저장하지도 못했다. 그런 데이터의 저장 문제와 계산 문제를 해결하여 머신러닝을 얼마든지 일상에서 사용할 수 있게 해준 것이 바로 대용량 데이터 처리 기술이다. 데이터 분산 저장 기술, 더 빠른 속도를 위한 인-메모리 데이터 처리 기술, 실시간 데이터 처리 기술을 비롯한 여러 가지 기술이 있다. 이런 데이터 기술을 그 이전의 기술과 구분하고 통칭하여 빅데이터 기술이라고 부를 수 있다. SNS 데이터와 같이 큰 데이터를 분석한다는 대상으로서의 의미보다는, 이와 같은 기술 집합으로서의 빅데이터 의미가 훨씬 중요하다. 인공지능, 머신러닝 등으로 대표되는 새로운 시대는 바로 이러한 빅데이터 기술을 근간으로 도래한 것이다.

빅데이터라는 말은 제한적으로 사용되어야 한다. 상황에 따라 과거에 비해 큰 데이터라는 것을 상대적으로 강조할 필요가 있을 때 수사적 표현으로 가끔 쓸 수 있겠다. 그러나 이미 데이터의 용량은 문제가 아니기에 그런 효용 가치는 이제 그다지 크지 않다. '빅데이터 분석'이라는 말에 어색함을 느끼는 감각이 있어야 한다. 그 말이 그냥 데이터 분석이라는 말보다 어떠한 가치도 더 갖지 않음을 알아야 한다. 방금 설명했듯이 데이터 기술의 집합으로서 빅데이터 기술이라는 말이 조금 의미를 가지지만, 기술 발달에 따라 각각 세분화된 개별 기술의 이름으로 불리고 있기에 그런 기술을 표현하는 효용 가치조차 이제 거의 없어지고 있다.

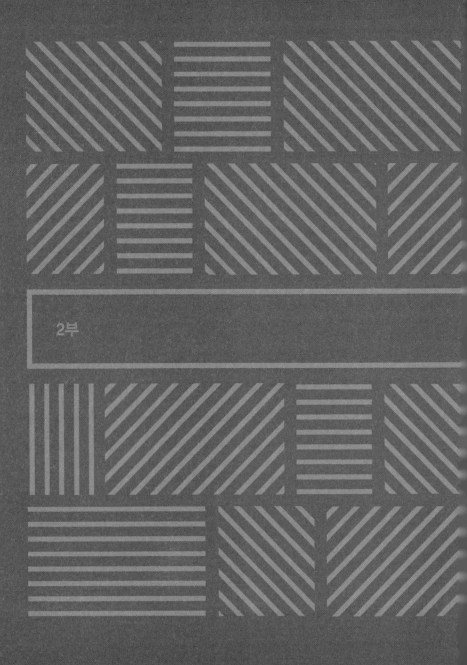

2부

경영의 변화

A   I

5장   왜 변화가 필요한가

in business

뒤에 숨겨진
과정들

일본의 안경업체 JINS는 2016년 11월부터 인공지능을 활용하여 고객에게 어울리는 안경을 추천하는 JINS BRAINbrain.jins.com이라는 서비스를 제공하고 있다. 머신러닝이 학습할 데이터를 마련하기 위해 먼저약 200개 종류의 안경을 쓴 6만 장의 사진을 수집하여 저장했다. 그리고 3,000명의 JINS 직원들이 사진을 보면서 착용자와 안경이 어울리는지를 판단했다. 이것을 정답지(학습 데이터)로 하여 딥러닝으로 학습을 했다. 이 학습을 바탕으로 서비스를 만들었고, 고객이 자신의 얼굴사진을 업로드하면 어울리는 안경을 추천해준다. 〈그림 18〉처럼 어울리는 정도가 수치로 나타난다.

| 그림 18 | JINS의 안경 추천 서비스
(출처: brain.jins.com)

남성직원과 여성직원을 따로 구분하여 학습 데이터를 구성해서 남성직원형 인공지능과 여성직원형 인공지능을 별도로 제공한다. 고객으로부터 직접 어떤 스타일을 좋아하는지 입력받아 고객 스스로의 취향을 바탕으로 추천하기도 한다.

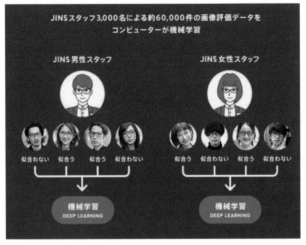

| 그림 19 | JINS BRAIN의 학습
(출처: brain.jins.com)

　　고객들은 매장에서 직원이 잘 어울린다고 말할 때는 판매를 위해 그냥 하는 말이라고 생각하지만, 데이터를 바탕으로 인공지능이 추천한다고 하면 더욱 믿음을 가진다고 한다. JINS는 JINS BRAIN을 사용한 후 수개월 만에 실제 매장에 방문하여 구입하는 고객이 10퍼센트 이상 증가했다고 밝혔다. 직원이 안경을 추천한다는 일상의 당연한 일을 다른 관점으로 바라봤고, 이에 머신러닝을 접목하여, 일관성 있는 추천을 해주는 좋은 서비스를 만들었으며, 그로 인해 실질적인 성과 증진 및 홍보 효과까지 있었으니 아주 좋은 사례라 할 만하다.

그런데 이런 사례를 접하면 대부분은 '그렇구나, 재미있네' 하고 지나친다. 어떤 이들은 이 사례에서 별로 중요하지 않은 부분인 딥러닝에 주목하기도 한다. 하지만 정작 주목해야 할 부분은 따로 있다. 특히 경영진이라면 더더욱 그래야 한다. 그것은 바로 그 이면의 과정과 조직 관리다.

JINS BRAIN이 구현될 때까지의 과정이 어떠했을지 상상해보자. 이런 서비스를 만들자고 누군가 의견을 내놓았을 것이다. 의견을 내놓기 전에 적은 수의 데이터로 먼저 실험을 해봤을 수도 있고, 하기로 결정한 이후에 실험을 했을 수도 있다. 아무튼 여러 논의를 거친 끝에 하기로 결정했을 것이다. 어쩌면 실무진의 발의와 논의가 아니라 CEO가 지시를 해서 시작된 일일 수도 있다. 본격적으로 시작하기 위해서 200개 종류의 안경을 쓴 6만 장의 사진을 구하는 것부터가 쉽지 않았을 것이다. 3,000명의 직원들이 그 많은 사진을 보면서 얼마나 어울리는지를 판단하도록 해야 했을 텐데, 그 역시 어려웠을 것이다. 각자의 입장이 있고 다들 원래의 자기 업무로 바쁠 테니 별별 불만의 소리가 있었을 것이다. 사진을 보여주고, 판단한 결과를 입력받기 위해 IT 시스템도 개발해서 운영했을 것이다. 여기까지 하면 이제 겨우 학습 데이터를 확보한 것이다. 그다음으로 딥러닝을 쓰기 위해 알고리즘을 튜닝하며 최적화하는 작업이 이어졌을 것이다. 그리고 이러한 일련의 과정을 통해 얻게 된 추천 엔진을 고객이 쉽고 편하게 이용할 수 있도록 웹·모바일 서비스를 개발했을 것이다. 실제 운영을 하면서는 예상치 못한 상황을 만나 대처도 해야 했을 것이다. 대외적으로 잘 홍보하는 일도 했을 것이다.

JINS에서 실제로 어떤 일들이 어떻게 벌어졌는지 말하고자 하는 것이 아니다. 핵심은 사례의 이면에 숨어 있는 진짜 일들이 어땠을지 생각해보자는 것이다.

- 여기에 얼마나 많은 조직과 사람들이 관여했을까?
- 얼마나 많은 이해관계가 충돌했을까?
- 여러 장애물을 넘기 위해 CEO가 강하게 추진했을까? 아니면 CEO로부터 강력한 권한을 부여받은 어떤 임원이 추진했을까?
- 이런 일을 추진하기 위한 조직 구성은 어떻게 했을까?
- 이런 아이디어가 이렇게 잘 실체화된 기업의 문화는 어떨까?
- 원래부터 변화 관리를 잘하는 기업이었을까? 아니면 이번 일이 경직된 문화에 충격을 주었을까?
- 이들의 미래는 어떻게 될까?
- 경쟁 업체들의 반응은 어떨까?
- 경쟁 업체들이 쉽게 따라 할 수 있을까?

'딥러닝으로 안경 추천을 한다니 재미있네'라며 그냥 넘어가지 말고 이런 의문을 가져야 한다. 그리고, 한번 생각해보자. '만약 우리 회사가 이런 일을 한다면 어떻게 될까?' 안타깝지만, 어떻게 이런 아이디어가 나왔다고 해도 대부분의 기업이 사진 입수, 즉 시작을 위한 데이터 수집 단계에서 좌초할 것이다. 가장 어렵고 시간이 걸리고 재미도 없는 단계이기 때문이다. 사례를 접할 때 '이렇게 데이터를 모았다'라는 부분은 별 생각 없이 지나치기 쉽지만, 현실에서는 조직적 의지가 약하면 넘어서기가 매우 어려운 단계이다(데이터 활용 단계별 특징은 '8장 데이터 활용의 단계'에서 자세히 다룬다).

여기서 딥러닝은 중요한 것이 아니다. 나중에 다른 더 좋은 알고리즘이 나오면 언제든지 교체해도 그만이다. 그보다는 이런 일련의 과정을 추진해 낼 수 있는 경영 방법론, 조직 관리, 협업 체계, 기업 문화 같은 것들을 읽어내고 고민해야 한다. 인공지능, 머신러닝이라는 새로운 도구가 효과적으로 활용될 수 있는 변화 관리에 주목해야 하는 것이다.

두뇌 한계를
뛰어넘기 위한 도구

인공지능을 가리켜 데이터 활용법이라고 하면 과거에도 현재에도 데이터를 활용하지 않았느냐고 반문할 수 있을 것이다. 데이터를 분석해서 이를 기반으로 의사결정을 한다는 식으로 말이다. 그런데 가만히 들여다보면 '데이터를 분석해서 이를 기반으로 의사결정을 한다'는 행위의 중심에는 사실 데이터가 아닌 인간이 있다. 어떤 시도가 있든 인간이 데이터를 분석해서, 인간이 이해하는 범위 안에서 벌어지는 일들이다. 그런데 인공지능이라는 도구는 인간 두뇌의 인지와 판단 범위를 넘기 위한 도구다. 바로 여기서 간극이 발생하게 된다. 언제나 내가 먼저 이해를 한 후에 그 이해를 바탕으로 판단해왔기 때문에 나의 이해 범위를 벗어나는 것을 받아들일 수가 없는 것이다.

딥러닝이 본격적으로 쓰이기 이전에 전통적으로 인기 있던, 그리고 지금도 널리 쓰이는 머신러닝 알고리즘 중 하나는 결정 트리 decision tree(의사결정 나무)다.

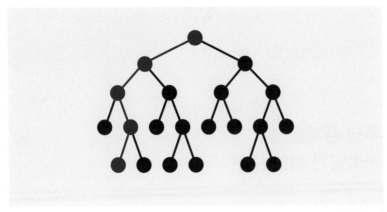

| 그림 20 | 결정 트리

결정 트리는 분기점마다 이쪽이냐 저쪽이냐를 나누는 것을 반복해나가는 알고리즘이다.

● 남성인가, 여성인가? 여성이다. → 나이가 30세 이상인가, 미만인가? 30세 이상이다. → 예전에 구매한 적이 있는가, 없는가? 있다. → 구매 횟수가 5회 이상인가, 미만인가? 5회 이상이다. → …

이런 식으로 분기에서 갈라져 가면서 답을 찾는다. 물론 실제로는 복잡한 통계 이론으로 이뤄져 있어서 그 의미를 깊게 이해하려면 결코 간단하지 않다. 그래도 그 개념을 '분기에서 갈라져 가기' 정도로 비교적 쉽게 설명할 수 있고, 최종 결과가 어떻게 해서 그렇게 나왔는지 이해하기도 쉽다.

이에 비해 다른 많은 머신러닝 알고리즘은 어떻게 해서 그런 결과가 나왔는지 설명하기가 어렵다. 데이터 사이언스나 통계 관련 전문 지식이 없는 임원이나 실무 담당자에게 인공 신경망, 서포트 벡터 머신support vector machines, 나이브 베이즈 분류naive bayes classification 등을 사용해서 만든 모델의 결과가 어떤 과정을 통해 그렇게 도출되었는지 완전히 이해시키는 것은 불가능하다. 심지어 그 모델을 만든 데이터 사이언티스트조차 속속들이 이해하기는 어렵다.

그러다 보니 현장에서는 묘한 일들이 생긴다. 보통은 하나의 문제에 대해 하나의 알고리즘으로만 모델을 만드는 것이 아니라, 동일한 데이터를 놓고 여러 개의 알고리즘을 실험해본다. 해당 과제와 데이터에 대해 가장 좋은 성능을 보이는 모델을 찾기 위해서다. 그런데 아무리 더 뛰어난 성능을 보이는 다른 알고리즘이 있어도 의사결정권자나 현업 담당자가 이해를 못 하면 채택을 하지 않는다. 그래서 성능이 떨어져도 그냥 설명하기 편하고 이해하기가 쉬운 결정 트리 알고리즘을 선택하는 경우가 많다.

결정 트리를 선택하는 이유가 해당 문제를 풀기에 가장 적합해서가 아니라 인간이 이해하기 쉽다는 이유로 선택하는 것이기에 합리적이지는 않다. 그래도 자주 벌어지는 일이다. 이런 상황을 보고 '참 어리석군, 나라면 그렇게 비합리적인 행동은 하지 않을 텐데'라고 생각할 수도 있을 것이다. 하지만 자신이 이해할 수 없는 어떤 방법을 바탕으로 사업적으로 중요한 의사결정을 마음 편히 할 수 있는 사람은 많지 않다.

결정 트리를 하나의 예로 들었지만, 이렇게 인공지능, 머신러닝, 데이터를 활용하고자 하는 의도와 실제의 행동이 부조화를 이루는 경우는 흔하다. '데이터를 바탕으로 일을 하자, 머신러닝을 적극적으로 활용하자'라고 주장하기는 쉽지만, 인간의 인지 범위를 넘어서는 방법을 통해 도출된 결과를 받아들이고 이용한다는 것은 쉽지 않다는 말이다. 머신러닝을 비롯한 인공지능 기술이 인간 두뇌의 인지와 판단 범위를 뛰어넘기 위한 도구임을 몇 차례에 걸쳐 이야기했는데, 그 이유는 인간의 이해 범위 안에서 이뤄지는 기존 방식을 그대로 고수해서는 인공지능을 제대로 활용할 수 없다는 사실을 강조하기 위해서다.

결국은
변화 관리

붉은 깃발 법Red Flag Act(적기 조례)은 정부의 잘못된 규제를 비판하기 위해서 자주 언급되는 과거 영국의 법이다. 자동차가 처음 나왔을 때 자동차의 운행을 제한하는 법이었다. 이 법은 자동차를 운행하려면 3명이 있어야 한다고 규정했다. 한 사람은 운전을 하고, 한 사람은 석탄을 공급한다. 그리고 나머지 한 사람은 자동차의 55미터 앞을 걸어가면서 낮에는 붉은 깃발을, 밤에는 붉은 등불을 들고 자동차가 오고 있다고 소리치며 자동차를 선도해야 했다. 자동차의 최고속도는 시속 6.4킬로미터 이하로 제한됐고, 그마저도 시내에서는 시속 3.2킬로미터로 더 제한됐다. 도시 경계를 지날 때는 도로세를 내야 했다. 이 법은 1865년부터 1896년까지 지속됐다.

지금 기준으로는 참 이상한 법이다. 하지만 당시에는 나름대로의 타당한 이유가 있었으니 31년 동안이나 법이 유지됐을 것이다. 당시의 자동차는 너무 컸고, 무쇠 바퀴가 도로를 많이 파헤쳤으며, 심한 석탄 연기를 내뿜었고, 증기 엔진이 폭발할 위험도 있었다. 실제로 엔진이 폭발하여 사람이 죽는 사고도 있었다. 그래서 자동차의 위험에 대한 경계가 힘을 얻을 수 있었고, 자동차가 할 수 있는 성능을 다 발휘하지 못하게 제한하는 것이 타당하다고 생각할 수 있었다. 붉은 깃발 법이 탄생하고 오랫동안 유지된 것에는 또 다른 중요한 이유가 있었다. 바로 자동차의 출현으로 크게 위협을 느낀 마차 사업자들과 기차 사업자들의 로비였다. 기존 산업의 기준이 새로운 산업 발전을 억지로 가로막은 것이다. 영국에서 그렇게 자동차가 규제를 받고 있는 동안에 다른 나라에서 자동차 산업이 크게 발전하였고 이후 영국은 자동차 산업의 주도권을 놓치고 말았다.

일반적으로 이 법을 언급하는 목적과 다르게 여기서는 정부의 규제와 법을 비판하기 위해 이 얘기를 하는 것이 아니다(물론 한국의 법체계는 데이터 활용 측면에서 좋지 않다. 다른 나라에 비해서 기업의 데이터 활용은 너무 많이 제한하는데, 그렇다고 해서 개인정보를 보호하는 데 최적화되어 있지도 않다). 여기서 붉은 깃발 법을 얘기한 것은 법이나 정부가 아닌 우리 스스로를 돌아보자는 말을 하기 위해서다. 과연 우리는 스스로를 제한하고 있지 않은가? 자기 자신을 규제하는 바보 같은 행동을 누가 하겠냐고 하겠지만 여러 이유에서 자주 그렇게 한다.

영국 정부가 자동차 산업이 그렇게 크게 성장할 것을 모르고 오판했던 것처럼, 데이터의 가치와 활용법을 잘 몰라서 스스로의 데이터 활용을 제한할 수 있다. 마차와 기차 산업이 자동차 산업을 견제했듯이, 기업 내 조직 논리나 사내 정치 때문에 데이터 활용을 제한할 수 있다. 엔진 폭발이 위험하다고 자동차를 제한했듯이, 인공지능에 대한 막연한 두려움으로 인공지능 활용을 제한할 수 있다. 무쇠 바퀴가 도로를 파헤친다고 자동차를 제한했듯이, 현재의 업무 구조 안에 갇혀서 데이터 활용을 제대로 못 할 수 있다.

그렇게 스스로를 제한하지 말고 새로운 시대에 맞게 변화해야 한다. 인공지능과 머신러닝의 활용, 데이터 드리븐 비즈니스는 '데이터 기반 변화 관리'의 다른 이름일 뿐이다.

실무자라면 인공지능, 머신러닝, 데이터를 활용하는 데이터 드리븐 비즈니스의 실제 주인공이 되어야 한다. 현업에 데이터 기술을 어떻게 적용해야 하는지 잘 알아야 한다. 기술도 잘 알아야 한다. 공부를 해야 한다. 이들은 구체적인 데이터 활용 방법을 제시해야 할 사람들이다. 데이터를 이용해서 창의적으로 업무를 바꾸어야 한다. 무조건 상사에게 기대기만 해서는 안 된다. 조직이 타성에 젖어 있다면 스스로 건전한 자극제가 되어야 한다.

팀장, 부장 정도의 중간관리자는 데이터 드리븐 비즈니스의 핵심이다. 실제로 실현되고 꽃피우게 할 수 있는 사람들이다. 팀원들과 동료들과 함께 일을 실체화시키고, 상사에게 정보를 제공하고, 설득하고, 관련 부서와의 관계를 조율하는 등 중요한 역할을 해야 한다.

임원, 특히 최고위 레벨의 의사결정자에게 모든 것이 달려 있다. 방향 제시, 기술의 도입과 적용, 변화 관리, 프로세스 관리, 성과 관리, 인적자원 관리, 조직 간 이해관계 관리, 예산 관리 등이 모두 잘 되어야 하기 때문이다. 인공지능이라는 도구를 잘 쓸 수 있는 작업 환경을 만들어줘야 한다. 인공지능이라는 도구로 얻게 될 훨씬 더 많은 수확물을 위해 업무 구조도 바꿔야 한다. 이렇게 새로운 환경을 만들 수 있는 것은 경영진뿐이다.

인공지능 시대의
인간의 역할

인간의 많은 일들을 인공지능에게 넘겨야 한다. 그것이 훨씬 효율적이다. 그러면, 인공지능의 시대에 인간은 무슨 일을 해야 하는가? 피터 드러커가 1967년에 출간한 《자기경영노트The Effective Executive》에서 한 이 말에서 해답을 찾을 수 있을 것이다.

- 효율성은 일을 올바로 하는 것이고, 유효성은 올바른 일을 하는 것이다(Efficiency is doing things right; Effectiveness is doing the right things).

인공지능은 효율성을 담당한다. 반면, 어떤 올바른 일을 해야 할지 생각하고 결정하는 유효성은 인간의 역할이다. 물론 인간이 잘 판단하기 위해서 인공지능을 활용할 수 있지만, 어떤 일을 할지 최종적으로 결정하고 실제로 그 일을 하도록 만드는 것은 인간의 몫이다.

인공지능과 데이터라는 도구를 제대로 사용하기 위해 기존 구조를 혁신하고 새로운 도전을 하는 것이 인간의 일이다. 이 일은 인공지능은 할 수 없는 인간만의 일이고 마땅히 해야 한다. 인공지능의 본질이 도구이기 때문에 사실 이것은 따로 언급할 필요도 없는 당연한 것이다. 그렇기 때문에 피터 드러커가 반백 년 전에 했던 말로도 인공지능과 인간의 역할이 쉽게 설명되는 것이다.

바퀴가 발명되었다고 해서 바퀴가 인간을 위협한다고 걱정할 필요는 없다. 대신 새로 나온 이 바퀴라는 도구를 어떤 일에 어떻게 사용하면 일을 더 효율적으로 할 수 있을지 고민하고 실제로 이리저리 시도해보는 편이 낫다. 바퀴가 없던 시절에 하던 일의 형태와 방식을 하나도 바꾸지 않고, 작업장 옆에 바퀴만 가져다 놓는다고 해서 달라지는 것은 하나도 없다. 무거운 짐을 손으로 들어 옮겼던 방식을 버리고, 바퀴 달린 수레를 이용해 짐을 옮기는 식으로 일하는 방식 자체를 바꾸어야 한다.

A　　　　　　　　　　　　　　　　　I

6장　　　　　　　　　　　경영관리의 변화

in business

충돌하는
이해관계의 조정

서문에서 예로 든 A 신용카드사를 다시 떠올려보자. 머신러닝 기반 탐지 방법의 출현으로 인해 여러 사람들의 이해관계가 충돌했다. 새로 구성되려고 했던 팀에 관계된 임원, 팀장, 담당자들을 비롯해, IT 부서, 채권관리팀, 외주 개발사까지 모두 영향을 받았다. 다시 말하지만 A사 사례는 마음대로 꾸며낸 얘기가 아니라, 머신러닝의 실무 적용 과정에서 자주 발생하는 이해관계 충돌 과정을 일반화하여 묘사한 것이다.

아직은 여러 기업에서 데이터 사이언스와 IT를 명확히 구분하지 못한다. 그래서 처음에 머신러닝 도입을 IT 부서에 지시하곤 한다. 데이터 전문 부서는 고사하고 데이터 분석가조차 없는 기업이 많기 때문에 어쩔 수 없는 선택이기도 하다. 그런데 보수적이고 안정을 추구하는 IT 업무와 개혁적이고 변화를 추구하는 데이터 활용 업무는 추구하는 방향이 다르다는 것이 문제다. 적합하지 않은 담당자들에게 적합하지 않은 책임이 주어지는 셈이다. 어떻게 우여곡절을 거쳐서 나중에 전문 데이터 조직이 구성되거나, 어느 정도 단계를 지나 실질적인 과제가 진행되면 데이터 측면과 IT 측면이 본격적으로 충돌하게 된다. 태생적으로 그렇게 충돌할 수밖에 없고 어쩌면 그렇게 충돌을 해야 한다(데이터 조직과 IT 조직의 차이 등은 9장 '현실적인 이슈'에서 자세하게 살펴본다).

이해관계가 충돌하고 갈등이 발생하는 근본적인 이유는 도구가 너무 강하기 때문이다. 100에서 110을 만드는 개선은 이해관계를 충돌시키지 않는다. 100을 10만으로 만든다면 이것은 다른 차원이 되어 버린다. 기업, 정부, 학교, 군대, 심지어 같은 취미를 공유하는 동호회 조직을 포함해서 인간이 만든 그 어떤 조직도 기존의 구조를 그대로 유지하면서 혁신적인 방법을 수용할 수는 없다. 그래서 혁신적인 방법의 수용과 그에 따른 조직 내 변화 과정에서, 반드시 이해관계 대립이 발생한다.

아무리 인공지능이 뛰어나다고 한들 결국 모든 것은 사람이 하는 일이다. 사람이 좋자고 하는 일이고, 사람이 좋자고 쓰는 도구일 뿐이다. 그런데 그 과정에서 사람의 마음이 다치는 것은 간과한다? 사람이 상하는 것은 신경 쓰지 않는다? 사람의 입장은 배려하지 않는다? 절대로 그래서는 안 된다. 강력한 도구로 말미암아 생기게 되는 조직 구조·프로세스·업무의 변경 과정에서 반드시 사람을 우선적으로 봐야 한다. 명확한 업무와 목표의 조정, 그리고 직무의 변경을 통해 사람을 챙겨야 한다. 그렇게 해야만 기술도 효과적으로 잘 적용할 수 있다.

조직 구조와
프로세스의 변경

사기 거래 탐지를 하는 A 신용카드사 얘기를 계속해보자. 서문에서는 기존 담당자들이 새 방법을 부정하고 저항하는 곳에서 얘기를 마쳤는데, 그 뒤로는 어떻게 됐을까? 고위 임원이 강력하게 추진했든, 서로 잘 합의를 했든 이제 머신러닝을 활용한 새 탐지 방법을 드디어 실무에 적용하려 한다고 하자. 이해관계 문제는 해결됐다고 하고 그다음을 보자는 말이다.

기존 규칙 기반 탐지 시스템에서는 일정 기간 동안 카드 사용 행태를 분석했다. 카드 사용 행태가 몇몇 탐지 규칙에 해당되어 어느 정도 포인트 이상으로 쌓이면 위험군으로 분류됐다. 그러면 해당 카드 사용자에게 상담사가 전화를 해서 몇 가지를 물어보며 확인했다. 최종적으로는 상담사의 판단에 의해 카드 사용을 정지했다. 하루에 위험군으로 분류되는 카드가 30여 개이고, 이런 일을 하는 전담 상담사가 3명이라고 하자. 한 사람이 하루에 약 10개 정도의 카드를 확인하여 처리하는 것이다.

자, 이제 머신러닝 기반 새 탐지 방법을 적용하려고 한다. 그런데 이 방법에 따르면 하루에 확인해야 할 위험군 카드가 300개 이상 탐지된다. 상담사를 10배 이상 늘리지 않으면 소화를 할 수 없다. 채권관리팀에서 상담센터에 증원을 요청한다. 상담센터에서 그럴 예산이 없다며 어렵다고 한다. 이런저런 논의 끝에 추가 예산을 받기로 한다. 추가 예산 심의를 받기 위해 이번엔 예산 관련 조직에게 이 일은 무슨 일이고 어떤 과정을 거쳤는지 등을 설명한다. 그 뒤로도 몇 주, 몇 달에 걸친 보고, 설득, 협의, 채용, 사무환경 세팅, 업무 방식 변경 등등이 이어진다.

결국 이것은 이해관계의 문제라기보다는 구조적인 문제다. 무언가 새로운 업무 프로세스를 개발해야 한다. 기존에 일일이 확인을 거쳐서 카드를 정지시키던 방식을 바꾸어 먼저 자동 정지를 시키고 사후 조치를 취하는 방식을 취하든, 그 밖의 다른 방법을 찾든 간에 말이다. 이와 같이 기존 구조와 충돌하는 근본 이유 역시 도구가 너무 강하기 때문이다. 도구가 기존의 틀과 맞지 않는 것이다. 작은 접시 하나에 빵 하나씩을 담아 만족스럽게 먹고 있었는데, 갑자기 1톤 트럭에 빵을 가득 싣고 와서 먹으라고 쏟아주니 접시 하나로는 도저히 담지 못하는 형국이다.

따라서 인공지능과 데이터를 적극적으로 활용하려면 업무 프로세스 변경이 필요하다. 이는 1990년대에 크게 유행했던 비즈니스 리엔지니어링Business Process Reengineering과도 일맥상통한다. 비즈니스 리엔지니어링은 비용, 품질, 서비스와 같은 핵심적인 경영 요소의 경쟁력을 획기적으로 향상시키기 위해 프로세스와 시스템을 근본적으로 재설계하는 경영 기법이다. 기존의 모든 것을 새로운 시각으로 다시 보고 기본적인 목적부터 재정의하는 것이다. 그리고 기존의 모든 업무 프로세스를 원점에서 재설계하고 변형하여 점진적 개선이 아닌 혁신적인 변화를 이뤄내는 것을 목적으로 한다.

비즈니스 리엔지니어링의 수많은 사례 중 하나인 이탈리아의 의류업체 베네통BENETTON. 그 전에는 어떤 색의 어떤 모양의 옷을 만들지 공급자가 먼저 결정하고, 그에 맞는 옷감을 구해서, 이미 정해진 대로 옷을 만들어 시장에 내놓았다. 그런데 베네통은 그러한 방식은 제품 주기가 수개월 이상이 소요되어 느리고, 지역마다 다른 고객의 다양한 니즈를 만족시키기에 적합하지 않다고 생각했다. 그래서 제품 유통의 전 과정에 컴퓨터 시스템을 도입하여 특정 지역별로 선호하는 색과 디자인을 실시간으로 모니터링하고, 지역별로 그에 맞는 옷을 다르게 만들었다. 지금은 당연한 얘기지만 재고·유통 관리에 컴퓨터라는 도구를 사용한 것이다. 고객 니즈를 빨리 알 수 있으니 그에 대한 대응역시 빨라져야 했다. 그래서 염색된 옷감으로 옷을 만드는 것이 아니라 먼저 옷을 만들어놓고 나중에 염색을 하는 제조 방식으로 바꾸기도 했다. 그런 프로세스 혁신을 통해 기존에 수개월이 걸리던 옷 제조 기간을 단 하루로 줄이는 성과를 거뒀다.

그 외에도 오티스엘리베이터Otis Elevator는 고장이 발생하면 자동으로 신고되는 시스템을 통해 고객이 고장 신고를 하기도 전에 출동하도록 프로세스를 바꿨고, 듀폰DuPont은 제품을 제공하는 수많은 협력업체에 재고 관리 시스템을 공유하여 협력 업체가 스스로 납품하게 해서 주문 시간을 획기적으로 단축했다. 이와 같은 비즈니스 리엔지니어링 사례는 수도 없이 많다. 1990년대를 거치면서는 거의 모든 기업에서 컴퓨터 시스템을 바탕으로 업무 방식과 프로세스를 바꾸었기에 더 이상 특별한 일도 아니게 됐다.

거의 30년 전의 사례인데 지금의 상황에서도 거의 그대로 참고가 된다. 첫 번째는 기술이다. 과거의 비즈니스 리엔지니어링이나 지금의 인공지능이나 공통적으로 컴퓨터를 적극적으로 활용한다는 점에서 같다. 1990년대에는 이 컴퓨터 활용을 그 전과는 조금 다르게 표현했는데 바로 Information Technology, 즉 IT이다. 기업 경영에 컴퓨터를 적극적으로 활용하는 것이 결국 인포메이션을 활용하는 것이라고 생각해서 기존에 있던 컴퓨터라는 말 대신 이 단어를 쓴 것이다. 지금은 컴퓨터 활용을 그 방식의 특징을 부각하여 머신러닝, 인공지능으로 부르고 있을 뿐이다. 두 번째는 프로세스 혁신이다. 당시에도 컴퓨터 기술을 바탕으로 프로세스를 혁신했던 기업들이 좋은 성과를 거두었고, 더 오랫동안 생명을 유지했다. 앞으로도 지금의 컴퓨터 활용 방식인 인공지능, 머신러닝을 잘 활용해서 업무 방식과 프로세스를 효율적으로 바꾸는 기업이 성공의 길을 걷게 될 것이다.

주의할 점은 주인공의 역할이다. 종종 사업을 위한 것이라기보다는 머신러닝 등의 기술을 적용해보는 것을 더 중요한 목적으로 추진하기도 한다. 한두 번 그렇게 해볼 수도 있겠지만 바람직한 것은 아니다. 변화의 핵심은 결코 기술이 되어서는 안 된다. 고객 만족, 효율 증대, 비용 절감 등 올바르게 정의된 사업 목적을 우선으로 하여 변화의 방향과 방식을 먼저 설계하고, 그다음 순서로 데이터나 머신러닝 등의 기술이 어떻게 도움을 줄 수 있을지 생각해야 한다.

구체적인 계획은
오히려 방해가 된다

인공지능, 머신러닝, 데이터를 업무에 적용할 때 크게 방해가 되는 요소 중 하나는 다름 아닌 구체적인 계획이다. 계획을 열심히 잘 세우면 일이 잘 안 된다. 새로운 기술을 써서 새로운 시도를 하는 일은 그렇다. 이런 종류의 일은 정교한 계획을 세울 수도 없고, 억지로 그런 계획을 만들어봐도 소용이 없다. 혹시 성공한다고 해도 그 계획 때문에 성공하는 것은 아니다. 이런 일은 계획이 통하지 않는다. 정확히 말하면, 기존 시각과 구조 안에서의 계획은 통하지 않는다. 미리 예측 가능한 선형적인 운영 업무가 아니기 때문이다.

인터넷이라는 기술이 나오자마자, 어떤 사업가가 그 기술을 보고, '아, 인터넷에다가 광고를 붙이면 돈을 벌 수 있겠구나' 하고서 향후 수십 년간의 정교한 계획을 세우고 추진해서 인터넷 사업이 만들어진 것이 아니다. 효과적 기술 활용은 기술 환경의 변화에 따라 빠르게 변하거나, 그 변화 자체를 스스로 만들어내는 것이 핵심 요인이지 정교한 계획으로 하는 것이 아니다.

안타깝게도 우리 기업들은 아직 구체적으로 계획을 잘 세워야 할 일과 그렇게 하지 말아야 할 일을 구분하지 못한다. 미국 등의 선진국도 얼마 전까지 그랬지만, 최근에는 짧은 시간 안에 시도하고, 빠르게 측정하고, 학습하는 것을 계속 반복하는 린 스타트업lean startup 등의 새로운 경영 기법이 널리 확산되고 있다. 이는 이제 막 사업을 시작하는 신생 기업에만 적용되는 기법이 아니라, 초거대 기업에서도 적극적으로 적용하고 있는 경영 기법이다. 이 장의 뒷부분에서 살펴볼 GE의 사례가 대표적이다.

하지만 아직 우리는 선형적인 '계획 - 실행 - 평가' 방식이 너무 익숙하고 거의 그 방법밖에 모른다. 그러니 어떤 일을 구체적 계획 없이 한다는 것은 상상할 수가 없고, 있을 수도 없는 일로 생각한다. 린 스타트업 같은 것을 들어서 머리로는 안다고 생각하지만 몸으로 체화되어 있지는 않다. 심지어 린 스타트업을 잘 적용하기 위한 정교하고 구체적이고 빈틈없는 계획을 세워 보고하는 웃지 못할 상황이 벌어지기도 한다.

지금과 같이 환경의 변화가 매우 빠르고 급격한 시대에는 구체적인 계획을 수립하는 도중에 환경이 또 바뀐다. 그래서 핵심적인 비전 및 단기간의 계획만 세우고 환경 변화에 빠르게 적응하면서 나아가야 한다. 머신러닝을 실무에 적용할 때가 그렇다. 기업 내의 어떤 영역의 어떤 부분에 머신러닝을 어떻게 적용하게 될지, 실제로 해보기 전에는 잘 알 수가 없다. 그런 것은 계획의 영역이 아니다. 계획을 세운다면 앞으로 그런 일을 잘 해보자는 방향 설정 정도일 뿐이다. 계속해서 크고 작은 일을 해나가면서 실마리를 찾기 위한 실행을 할 수 있을 뿐이다.

그런데 지금 우리 기업 내에서는 데이터와 머신러닝을 활용하기 위한 구체적 계획을 수립해야 한다고 여기고, 그렇게 하고 있다. 그 계획은 어떤 분야의 어떤 일에, 머신러닝을 어떻게 적용할 것이고, 어떤 기대 효과가 있으며, 자원이 얼마나 들어가고, 그로 이해 더 벌게 될 돈이 얼마냐 등의 내용으로 채워진다. 그 계획에 해당하는 핵심성과지표KPI라는 것이 만들어지고 얼마를 더 벌겠다거나, 얼마의 비용을 줄이겠다는 것이 숫자로 표현된다. 물론 그 계획은 연중 수시로 세우는 것이 아니라 연말연초에 하는 연중행사이다. 게다가 한번 만들어진 계획은 쉽게 바꿀 수도 없다. 바꾸기 위해서는 이런저런 어려운 절차를 거쳐야만 한다. 실제 일이 어떻게 돌아가는지도 잘 모르고, 머신러닝이라는 도구에 대한 이해와 경험 부족 상태에서 억지로 만들어야 하는 그 계획이라는 것은 어쩔 수 없이 말도 안 되는 소설로 채워질 수밖에 없다.

이렇게 소설로 채워진 계획은 한두 달도 채 지나지 않아 아무 쓸데없는 것이 되고 만다. 어떤 경우에는 계획 수립을 시작해서 그 계획이 고위 의사결정권자의 최종 승인을 받는 그 몇 주 사이에 그 계획 자체가 별 의미 없게 되기도 한다. 빠르게 상황이 변하는 분야는 자주 그러하다. 그래도 그런 무의미한 서류 작업을 하는 것이 '일하는 것'이라고 잘못 알고 그냥 할 뿐이다. 지금 우리 기업에서는 문서화된 계획서가 너무나도 중요하기 때문이다.

적극적인 데이터와 인공지능의 활용을 위해서는 일단 방향만 잡고 작은 범위의 계획만 세워야 하며, 계획을 수시로 변경할 수 있어야 한다. 잦은 계획 변경은 그냥 필요하면 하는 것이 아니라 필수불가결한 것이고, 적극 장려해야 한다. 지금 열심히 계획을 세워봤자 다음 달에 새로운 기술이 나와서 다른 판이 되곤 한다. 그러면 기존 계획은 버려야 한다. 계획 수립 당시에는 중요하다고 생각했을지라도, 몇 달 하다 보니 그게 중요한 것이 아니고 더 중요한 일이 생겼다고 판단되면 계획을 바꿔야 한다. 그리고 정말로 유의미한 성과는 보통 이렇게 몇 번의 방향 전환을 거치면서 얻게 된다. 그 일을 해보기 전에는 전혀 알 수 없었던 우연하고 이상한 일로 발전이 된다. 일이 계속해서 다음 일을 불러오고, 그 끝에 진정한 가치가 숨어 있다.

변화가 적어 충분히 예측 가능한 경영 환경에서는 사전 계획과 핵심성과지표가 좋은 경영 관리 기법일 수 있다. 조직 구성원 전체가 집중할 수 있는 소수의 핵심 목표를 향해 자원을 집중하고 열심히 일하는 것은 효율성의 측면에서 대단히 유용하다. 하지만 지금과 같이 변화의 속도가 빠르고 변화의 폭이 큰 경영 환경에서는 정해진 길로 열심히 달리는 효율성보다 훨씬 더 중요한 것이 바로 상황 변화에 맞추어 빠르게 방향을 조정해나가는 유효성이다.

인공지능은 효율성을 올려주는 도구다. 효율은 열심히 일하는 것이 아니라 인공지능과 같은 기술을 통해 얻어내는 것이다. 인공지능이 제공할 차원이 다른 효율로 인해 기존의 체계와 관점이 달라질 수 있다. 그래서 인공지능을 제대로 활용하기 위해 인간이 할 일은 변화를 제대로 수용하고 관리하고 주도하는 것이다. 이러한 변화 관리에 연간 사업계획은 방해 요인이 될 수 있다. 하루가 다르게 새로운 인공지능 기술이 쏟아지고 있다. 지금으로서는 알 수 없는 새로운 방법으로 완전히 다르게 접근해야 할 상황이 바로 다음 달에 생길 수 있다. 전에는 문제인지도 몰라서 사업계획에 넣을 수 없었던 어떤 일이 바로 다음 주에 보일 수도 있다. 해결책이 없다고 생각해서 아예 계획에서 제외했던 일의 해결책이 당장 내일 생길 수도 있다. 그런 변화에 맞추어 유연하게 변해야만 한다. 기업 내외부의 환경은 사업계획에서 정한 대로 결코 일 년 단위로만 변하지 않는다.

다른 것을 시도할 여유

머신러닝을 비롯한 새로운 방법으로 새로운 시도를 할 때 가장 중요한 핵심 영역에서 시도할 수 있다면 좋을 것이다. 그럴 수 있다면 같은 시간과 비용을 들여도 기업의 수익 증대와 비용 감소에 더 크고 직접적인 영향을 주게 될 것이다. 그런데 막상 현실에서 새로운 시도를 해보면, 특히 실무 차원에서 무언가 새로운 시도가 있을 때는, 마치 약속이라도 한 듯이 언제나 핵심 영역 이외의 주변 영역들에서 일이 먼저 시작된다. 더 정확히 표현하면 실제 핵심 여부와 관계없이 경영진으로부터 별로 큰 관심을 받지 못하는 영역에서 일이 먼저 시작되곤 한다. 왜일까?

사업의 핵심 영역일수록 바쁘다. 그저 하루하루 운영해나가기 힘든 전쟁터와 같다. 다른 생각과 시도를 해볼 여유가 없는 것이다. 이럴 때 실무자는 데이터니, 머신러닝이니 하는 소리가 귀에 들어오지도 않는다. 그래서 핵심이고 바쁜 곳일수록 과감하게 조직과 업무를 변경하여 여유를 부여해야 한다. 많이 바쁠수록 무언가 개선 포인트가 있다는 것이고, 바꾸어야 한다는 신호이다. 또 핵심 영역일수록 일이 정형화되어 있다. 계속 운영되면서 생긴 견고한 프로세스가 정립되어 있다. 오랜 시간 동안 만들어온 구조이기 때문에 그것 말고 다른 방법을 상상하기 힘들다. 그래서 개선의 여지가 없다고 생각한다. 지금이 최선이라고 생각한다.

이렇게 몇몇 이유로 중요한 핵심 영역은 잘 변화하지 않는 매우 보수적인 성격을 띠게 된다. 그런데 사실 이런 영역이야말로 인공지능이 들어가기 제일 좋은 곳이다. 오랜 시간 운영되어 최고 수준까지 도달한 일, 오랜 시간 동안 운영하며 충분한 데이터가 쌓인 일이야말로 정형화된 울타리에 가려져 그동안 보지 못했던 잠재 기회를 안고 있다. 인공지능으로 조금씩 좋게 만드는 개선도 할 수 있고, 한 번에 바꾸는 혁신도 할 수 있는데, 이런 일에야말로 멋진 혁신의 가능성이 숨어 있다. 담당자들은 지금이 최선이라고, 엑셀로 데이터도 열심히 분석하고 있다고, 누가 해도 지금보다 잘하지 못할 거라고, 상황이 어쩔 수 없다고 한다. 다 맞는 말이다. 하지만 이 모든 것은 지금 하고 있는 게임의 룰에서만 맞는 것일 수도 있다. 게임 자체를 다르게 바꾼다면 얼마든지 더 행복한 다른 상황을 만들 수도 있다.

조금 덜 바빠서 주위를 돌아볼 여유가 있거나, 큰 관심을 받지 않아 변화를 쉽게 추진할 수 있거나, 일이 정형화되어 있지 않은 분야에서 상대적으로 과감한 시도를 많이 한다고 했다. 그런데 정작 이런 분야의 일은 잘 해도 조직에 줄 수 있는 영향이 크지 않아 별로 주목을 받지 못한다. 심지어 왜 그런 쓸데없는 일을 하냐고 핀잔을 듣기도 한다. 그래도 일이 진행되기라도 하면 또 다른 기회를 열 수 있어서 좋은데, 이런 분야의 일은 정작 머신러닝에 필요한 데이터가 없어서 본격적인 시작은 해보지도 못하는 경우도 많다.

원활한 협업을 위한 조건

인공지능을 실무에 적용하기 위해서는 현업 부서와 기술 부서 간에 협업이 필요하다. 현업의 실무자는 관련 분야의 전문 지식은 있지만 머신러닝 등의 데이터 사이언스는 잘 모르고, 데이터 전문가들은 그 반대이니 양자 간에 협업을 해야 한다. 업무 프로세스를 변경하는 과정에서도 현업 부서 간에 그리고 현업과 기술 부서 간에 많은 협업이 필요하다. 물론 기술 부서 간에도 협업이 필요하다. 예를 들어, 서로 다른 운영 시스템에서 데이터를 수집, 저장하는 과정에서는 IT개발자, 데이터 엔지니어 간의 협업이 필요하다.

이런 협업이 중요하다는 것은 참으로 당연한 말이다. 하지만 안타깝게도 많은 경우에 원활한 협업이 잘 이루어지지 않는다. 더 큰 문제는 "앞으로 잘 협업하도록 하세요"라고 말로 지시하거나 부탁하면 협업이 잘 이루어질 것이라고 기대한다는 것이다. 회식을 자주 해서 친해지면 협업이 잘 된다고 생각하기도 한다. 물론 인간적인 유대감이 협업에 도움을 줄 수도 있지만 근본적인 해결책이 될 수는 없고 그 한계도 분명하다.

기업은 가족과 같은 혈연 집단도, 취미 활동을 공유하는 동호회도 아닌 경제적 이익 집단이다. 오직 개개인의 경제적 이익을 위해서 함께할 뿐이다. 다른 이유도 있지만 다 부차적이고, 그런 다른 이유들조차 장기적으로는 모두 경제적 이유와 연관된다. 그런 이익 집단 속에서 구성원 모두가 항상 전체 최적화 관점의 전체 이익 위주로만 판단하고 행동하게 하는 것은 불가능하다. 강하게 밀어붙이면 잠깐 되는 것처럼 보일 수 있어도 오직 단기적으로만 가능할 뿐이다. 따라서 기업 안의 모든 부서와 개인의 행동은 어떤 사안이 각 부서와 개인의 이익에 얼마나 부합하느냐 그렇지 않으냐로 결정된다.

　따라서 협업할 일의 구조가 얼마나 각 부서와 개개인의 이익에 부합되도록 세팅되어 있느냐 그렇지 않으냐에 협업의 성패가 달려 있다. 즉, 업무 목표, 업무 구조, 평가 기준에 달려 있는 것이다. 각자 상충하는 목표를 부여해놓고는 협업하라고 아무리 얘기해도 소용이 없다. 그래서 인공지능으로 업무가 혁신되기 위해서는 그 적용과 운영의 과정에서 각 조직과 개인의 업무가 어떻게 달라지는지, 누가 누구와 같은 목표를 가져야 하는지 등을 면밀히 관찰하고 판단하여 목표와 책임과 권한을 재정의해주는 것이 필수적이다. 이러한 조정은 가끔 한두 번 하는 행사가 아니라 필요에 따라 수시로 이뤄져야 한다.

근본적 변화는
하향식으로만 가능하다

가장 많이 쓰는 목표 관리 및 조직 관리 방법은 핵심성과지표, KPIKey Performance Indicator이다. KPI는 해당 조직의 방향과 업무에 큰 영향을 미친다. KPI는 하위 조직으로 내려가면서 세분화된다. 연말에는 KPI를 얼마나 잘 달성했는지 평가도 한다. 조직별 KPI는 각 조직이 서로 독립적으로 다른 일을 하고 있다는 전제가 깔려 있다. 그런데 매출과 사업에 의미 있는 영향을 주는 혁신적인 데이터 드리븐 비즈니스는 기존 조직 구조에 영향을 미칠 수밖에 없다. 누구의 일인지 조직 간의 업무 경계가 모호해지는 경우도 많다. 기존 조직의 업무 역할과 목표에 손을 대지 않고서는 제대로 작동하지 않을 때도 있다. 그런데 기존 것을 그대로 둔다면 하위 조직들은 각자의 KPI만을 추구하면서 충돌할 수밖에 없다.

결국 일을 잘 하기 위해 쓰고 있는 목표 관리 기법과 그에 기반한 상대평가 중심의 성과 평가가 혁신을 가로막을 수도 있다는 얘기다. 그렇다면 목표 관리 제도와 기존의 평가 체계를 버려야 할까? 그것도 대안 중의 하나이고, 요즘은 실제로 그렇게 하는 경우도 생기고 있다. 하지만 그런 제도가 나름의 장점이 있고, 급격한 변화는 불가능하다고 생각할 수도 있다. 그러면 차선책으로 목표를 상황에 따라 바꾸면 된다. 보통 KPI는 관습적으로 1년에 한 번씩 정하지만, 조직의 목표야 어차피 일을 잘 해보자고 사람이 정한 것이니 바뀐 상황에 맞게 자주 수정하고 보완하면 된다.

민주주의는 정치 제도이고, 자본주의는 경제 체제이다. 민주주의와 자본주의를 동시에 채택하는 국가가 많기 때문에 착각하기 쉽지만, 기본적으로 민주주의와 자본주의는 서로 반하는 부분도 많다. 특히 자본주의의 핵인 기업을 보면 효율성 추구라는 최우선 가치를 위해 피라미드 구조에서 권한을 위쪽으로 몰아주었다. 기업은 경제 요소이지만 여기에 정치 제도인 민주주의 사상을 빗대보면 기업은 아주 반민주적이고 독재적이며 제왕적인 조직이다. 기업은 그러한 상향식 권한 집중 체계로 효율성을 얻었지만, 상부의 잘못된 의사결정이나 아래로부터 추진하는 일의 한계가 분명하다는 단점도 동시에 가진다. 그래서 성공적인 경영 혁신에는 공통점이 하나 있다. 상향식bottom-up으로 성공한 경우가 없고, 모두 하향식top-down으로만 가능했다는 사실이다. 도구를 지엽적으로 사용할 때야 별 상관이 없겠지만, 사업에 큰 영향을 미치는 변화는 조직의 많은 변화를 필요로 한다. KPI를 예로 들어 설명한 각 세부 조직의 방향과 목표 관리가 인공지능을 비롯한 데이터 활용의 가장 중요한 전제 요소이다. 그 어떤 강력한 데이터 기술과 인사이트가 있어도 적절한 조직 관리 없이는 의미 있게 사용될 수 없다.

GE의 트랜스포메이션 사례

GEGeneral Electric Company는 1878년 에디슨이 만든 전기조명회사를 모태로 또 다른 전기회사와 합병하여 1892년에 설립되었다. 가전제품, 전력, 오일과 가스, 에너지 송·배전, 항공, 의료, 운송, 가전 등의 영역에 걸친 거대 기계설비 업체이자 제조 업체다. 그런 GE가 2011년에 소프트웨어 기업으로 변신하겠다고 선언했다. 그리고 자신들이 판매하는 산업 장비에서 발생하는 데이터를 통해 생산과 운영 효율을 높여주는 소프트웨어 솔루션 사업을 준비했다.

그 결과물이 바로 2015년 9월 정식 공개한 프레딕스predix이다. 프레딕스는 클라우드 형태로 플랫폼 서비스를 제공하는 PaaSPlatform as a Service인데, 산업용 장비나 부품에서 나오는 데이터를 활용해서 운영 상의 각종 문제를 해결하고 예방하는 소프트웨어 플랫폼이다. 여러 사 물들을 인터넷에 연결하는 것을 사물 인터넷Internet of Things이라고 한다 면, GE는 산업 장비들이 인터넷에 연결되는 것을 산업 인터넷Industrial Internet이라고 말하고 있다. 윈도가 PC의 운영체계operating system이고, 안드로이드가 모바일 운영체계이듯, GE의 프레딕스는 산업 인터넷의 운영체계인 것이다. 프레딕스는 여러 산업용 장비에 센서를 붙여 클라 우드와 실시간으로 연결하고, 클라우드에서 수집된 데이터를 분석하 고, 앱을 통해 이를 시각화하고 운영하는 서비스를 제공한다.

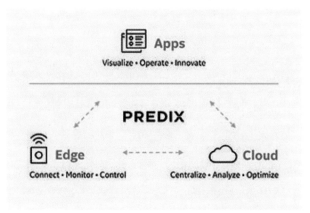

| 그림 21 | GE의 프레딕스
(출처: www.ge.com/digital/predix/platform)

세부적으로 들어가면 여러 단계에 걸쳐 다양한 내용들이 있는 데, 프레딕스에서 특히 흥미로운 부분은 디지털 트윈digital twin이다. 디지털 트윈이란 현실의 발전기, 비행기 엔진과 같은 실물 기계 장비에서 수집된 데이터를 바탕으로 해당 장비를 그대로 디지털로 가상화한 것이다. 예를 들어 비행기가 이륙해서 출발한 뒤에도 엔진의 센서들과 운영 시스템을 통해 생산되는 데이터를 통해 지상에서 엔진의 상태를 디지털로 재현하면서 현재 엔진의 상태가 어떤지 앞으로 어떤 상태가 될 것인지 예측하며 관리하는 것이다. 공장의 터빈에 적용한다면 실시간 데이터를 통해 재현되는 디지털 트윈 터빈을 통해, 지금보다 회전 속도를 10퍼센트 올릴 경우 온도가 몇 도 올라갈 것인지 등을 시뮬레이션할 수 있다.

| 그림 22 | 프레딕스의 디지털 트윈
(출처: https://www.ge.com/reports/indonesia-islands-fast-power)

프레딕스는 매우 광범위한 서비스를 제공하는 플랫폼이라 여기서 그 전부를 다룰 수는 없지만, 프레딕스에 인공지능이 어떻게 쓰이는지만 간단히 살펴보자. GE 소프트웨어 개발총괄 부사장인 콜린 패리스Colin Parris는 디지털 트윈의 성능을 높이기 위해 인공지능이 아래와 같이 사용된다고 했다.

첫째, 처음 분석 준비 과정에서 인공지능을 활용한다. 컴퓨터 비전 기술로 문제가 발생할 가능성이 큰 영역을 찾아내서 어떤 부분에 대한 분석을 할지 가늠하게 해준다. 또한 본격적인 분석을 위한 데이터 수집과 정제 과정에서도 인공지능을 활용한다. 예를 들어, 데이터가 손실되었을 때, 딥러닝 등을 사용하여 손실될 부분이 있어도 정확한 값이 나오도록 처리한다.

둘째, 운영을 위한 여러 측면의 통합적 지원자로서 인공지능을 활용한다. 예를 들어, 프레딕스에서 사용자가 어떤 예측 모델 기술을 검색하면, 기존에 이미 만들어진 모델을 제안하면서 그 모델의 성능이 어떤지, 사용된 데이터가 무엇인지, 해당 기술에 대해 도움을 받을 수 있는 사람이 누구인지 등을 알려준다.

셋째, 학습 관점에서 인공지능을 활용한다. 시간이 지나면서 디지털 트윈의 환경과 사용 방법이 바뀌면 디지털 트윈의 업그레이드가 필요할 것이다. 인공지능이 이런 변화를 감지하여 언제 시스템과 모델을 업그레이드해야 할지 알려준다. 또한 인공지능을 활용하여 학습을 이전하기도 한다. 특정 제품 운영 과정에서 생긴 노하우를 다른 제품의 모델에 이전하는 것이다.

프레딕스는 공개 바로 다음 해인 2016년에 50억 달러(약 5조 7,000억 원)의 매출을 일으켰다. 2015년 당시 GE의 회장이던 제프리 이멜트Jeffrey Immelt는 GE가 2020년까지 세계 10대 소프트웨어 업체가 될 것이라고 했는데, 프레딕스의 모습을 보면 허황된 말이 아닌 듯하다. GE가 자신들의 사업 자체를 소프트웨어 기업으로 바꾸고 있다는 의미에서, 그리고 GE의 기업 고객들이 프레딕스를 활용하여 자신들의 일을 디지털화할 수 있다는 측면에서 모두 디지털 트랜스포메이션Digital Transformation의 의미가 있는 사례이다.

물론 현재 GE가 당장의 수익 창출 측면에서 엄청나게 좋은 성과를 거두고 있지는 않다. 그래서 2001년부터 16년 동안 이 변화를 이끌던 제프리 이멜트 전 GE 회장이 2017년 6월에 물러났다. 아직은 GE의 그간의 변화에 대한 평가가 엇갈리고 있지만, 아마도 그동안의 변화 노력이 GE의 다음 시간들을 만들어줄 것이다. GE는 언제나 그렇게 도전적인 변화를 지속해 왔기에 한 세기를 훌쩍 뛰어넘도록 생존해 있는 것이다. GE가 지금 당장 무슨 일을 하고 있고, 어떤 상태에 있는지 하는 것보다 더 중요한 것은 바로 그러한 변화 추진력이 GE의 진정한 경쟁력이라는 점이다.

최근 몇 년간 일정한 방향을 갖고 꾸준하게 사업 구조를 개편하여 디지털 전문 기업으로 변신하고 있는 GE의 트랜스포메이션에는 다음과 같은 시사점들이 있다.

최근 우리 기업들은 '데이터 기반 신규 사업' 또는 '머신러닝, 인공지능 기반 신규 사업'과 같은 말을 자주 한다. 그런데 이런 말들은 문장으로서는 문제가 없어 보이지만, 의미적으로는 문제가 있다. 신규 사업에 있어서는 데이터 분석이 결코 먼저일 수 없는데, 데이터를 잘 분석하면 신규 사업을 할 수 있을 것이라는 잘못된 기대가 깔려 있기 때문이다. GE가 산업 장비 데이터를 분석해서 산업 인터넷 플랫폼 신규 사업을 만든 것이 아니다. 산업 인터넷 플랫폼 사업을 하기 위해서 자신들이 판매하는 산업 장비에 센서를 붙여 데이터를 만든 것이다.

최근 데이터 기술이 급격하게 발전하며 충격적이기까지 한 여러 소식이 들려오니 데이터에 기대어 새로운 성장 동력을 찾으려 한다. 물론 당연히 그래야 하고 충분히 찾을 수도 있다. 그러나 그 성장 동력의 여러 형태 중에 신규 사업 개발 영역은 데이터 분석이 기여할 수 있는 한계가 분명하다. 데이터를 분석해서는 그 어떤 새로운 사업도 만들 수 없다. 새로운 사업과 트랜스포메이션에서는 어떤 사업을 하겠다, 어떻게 변하겠다, 하는 방향 설정과 비전이 먼저다. 데이터를 통해 할 수 있는 일은 해당 데이터가 생산되는 영역을 개선하거나 이를 혁신적으로 변경시킬 수단을 제공하는 것이다. 망치로 아무데나 열심히 두드려봐야 집은 지어지지 않는다. 어떤 집을 지을지 설계도가 나와야 적재적소 필요한 곳에 망치가 쓰일 수 있다.

그럼 신규 사업은 어떻게 시작해야 할까? 원한다면 기존 사업과 전혀 연관성이 없는 새로운 영역의 사업도 시작할 수 있다. 그런데 잘 되는 신규 사업은 보통 기존의 사업에서 확장하며 시작한 경우가 많다. 프레딕스 경우도 완전히 새로운 판에 가서 소프트웨어 사업을 시작한 것이 아니고, GE가 기존에 판매하던 산업 장비와 그 장비를 사용하는 기업 고객들을 대상으로 사업을 확장한 것이다. 그리고 이 사업 확장의 도구로서 인공지능 등의 기술이 쓰인 것이다.

비전을 제시하는 리더십

성공적인 변화를 이루려면 다양한 이해관계의 조율, 구조 변경, 조직을 넘나드는 원활한 협업 등을 위해 조직 전체를 아우르는 명확한 비전이 필수다. 2011년 GE의 제프리 이멜트 회장이 앞으로 GE는 소프트웨어 기업으로 변신하겠다고 선언했을 때, 30만 명이 넘는 GE의 임직원들 모두가 박수를 치며 환호했을까? 당시에는 GE의 대부분의 사람들이 소프트웨어 사업과 관련이 없었을 테니, 아마도 무슨 소리인가 했을 것이다. 그냥 그런가 보다 하는 사람도 많았을 것이고, 반대하는 사람도 있었을 것이다. 변화에는 거부가 따르기 마련이다. 그런 반대 의견이 있더라도 강한 확신과 신념을 가지고 올바른 방향을 설정하고 조직 전체를 관통하여 추진하는 것이 가장 중요하다.

GE가 홈페이지, 인터뷰, 콘퍼런스, 배포 자료 등을 통해 프레딕스를 소개하는 내용에는 숨은 시사점이 하나 있다. GE의 프레딕스 안에는 IoT 센싱 기술로 시작해서, 실시간 연결 기술, 데이터 처리 기술, 클라우드 기술, 머신러닝 기술, 자연어 처리 기술, VR을 포함한 시각화 기술, 앱 제작 및 운영 서비스 제공을 위한 기술까지 광범위한 분야에 걸친 수준 높은 기술들이 가득 차 있다. 그런데 GE가 그들의 프레딕스를 소개하는 내용을 가만히 살펴보면 이런 기술을 직접적으로 많이 자랑하지는 않는다. 그들은 언제나 프레딕스가 고객들에게 어떤 효용을 제공할지를 우선적으로 말한다. 기술에 대한 설명은 오직 그러한 효용을 이해시키기 위해 제한적으로 이루어질 뿐이다.

이는 규모를 막론하고 전 세계의 수많은 기업들이 보이는 행태와 다르다. 대부분의 기업은 프레딕스의 여러 부분 중 하나에 포함된 작은 하위 기술 세트에 불과한 성과를 가지고도 호들갑을 떨면서 자랑을 한다. 물론 IR(투자자관계)이나 PR(홍보) 등의 여러 이유에서 의미가 있기는 하다. 그런데 그런 자랑의 바탕에는 고객에게 무엇이 좋다는 고객 중심적 태도보다, 우리가 이렇게 훌륭하다는 자기중심적 태도가 더 크게 자리 잡고 있다.

GE는 그런 면에서 기술을 바라보는 태도가 매우 담백하다. 기술을 자랑하며 스스로 흥분하지 않는다. 디지털 트윈 하나만 해도 각종 예측 모델과 시뮬레이션 등에 인공지능 기술이 엄청나게 쓰였는데도 그저 담담하게 꼭 필요한 부분에 대해서만 간단히 언급할 뿐이다. 자신들이 프레딕스를 통해 고객들에게 어떤 효용을 제공하겠다는 목적이 중요한 것이지, 그 이외의 기술과 자신들의 노력은 그저 수단이라고 생각하는 것 같다. 이렇게 기술을 주인공으로 내세우지 않고 수단에 불과한 것으로 담백하게 바라보는 그들의 태도가 그들의 높은 수준을 보여준다.

관리 중심에서 시도 중심으로

식스 시그마six sigma는 100만 개의 제품 중 3~4개의 불량만을 허용하는 품질 관리 경영 기법이다. 1980년대 후반 모토롤라Motorola에서 적용하기 시작하여 소니Sony, TITexas Instruments 등의 기업이 사용했고, 국내에서도 삼성, LG 등에서 사용했다. 이 식스 시그마를 가장 적극적으로 사용한 기업이 바로 GE다. 잭 웰치Jack Welch 전임 GE 회장이 1996년부터 식스 시그마를 아주 강력하게 도입하여 큰 비용 감소 효과를 거두었다. 잭 웰치는 제품 생산뿐만 아니라, 마케팅, 인사 등의 다른 영역에까지 확산시켰다.

원래 식스 시그마는 생산 과정에서의 불량률 저하를 통한 비용 절감을 목적으로 만들어졌고, 측정·분석·개선·관리의 4단계가 매우 엄격하게 관리되는 점이 특징이다. 그런데 식스 시그마로 대표되는 이런 관리 중심 경영은 현재의 급변하는 환경에서 신규 사업과 서비스를 개발하는 데 적합하지 않다. 새로운 경영 환경에서는 기존의 한계를 뛰어넘는 새로운 아이디어를 내고, 여러 아이디어를 쉽게 시도해보고, 실패도 많이 해보고, 그 과정에서 전에 몰랐던 것을 새롭게 배우면서 이런 과정을 계속 반복해가야 하기 때문이다.

그래서 식스 시그마의 상징과도 같았던 GE는 식스 시그마와는 성격이 매우 다른 새로운 경영 기법을 도입했는데 바로 패스트웍스 fastworks다. 패스트웍스는 '고객의 니즈 이해 – 가설 수립 – 최소 기능 제품MVP, Minimum Viable Product 개발 – 학습 – 방향 전환 또는 유지'의 사이클을 계속 반복해나가는 방법이다. 다른 것이 아니라, 바로 미국의 벤처 사업가 에릭 리스Eric Ries가 2011년 주장하여 전 세계적인 반향을 일으킨 린 스타트업을 그대로 수용한 것이다. 린 스타트업은 빠르게 변하는 환경에서 효율적인 제품 개발과 사업 개발을 하기 적합한 방법이다. 일을 처음부터 크게 시작하는 것이 아니라 작은 시제품 MVP부터 먼저 만든 후, 고객의 반응을 살펴 계속해서 제품을 변형해나간다. 완벽하게 준비해서 한 번에 나가는 것이 아니라, 지속적인 시도와 실험과 학습을 통해서 반복적인 개선을 해나가는 것이다. GE는 이러한 린 스타트업의 사상을 그대로 받아들여 2013년부터 패스트웍스라는 자신들 고유의 이름으로 바꾸어 경영에 활용하고 있다.

거의 종교적인 믿음에 가까울 만큼 확고하게 자리 잡은 업무 방식일지라도, 지금 상황에 맞지 않는다면 바꾸어야 한다. 기술 발전 속도가 너무 빠르고 경쟁 환경도 빠르게 변화하고 있다. 이러한 때에는 모든 것을 기존의 관념에 맞춰 세세하게 계획하고 관리하는 것만이 정답이 아닐 수 있다. 혹시 규모가 큰 기업에는 그래도 그에 맞는 관리가 필요하다고 생각한다면 다시 한번 GE를 보길 바란다. 세계적인 초거대 기업 GE도, 관리 경영의 상징과도 같았던 GE도 지금은 그렇게 하지 않는다. 구체적으로 계획하고 엄격하게 관리하는 비중은 줄이고, 유연성을 크게 늘리는 것이 전 세계적인 추세다.

A   I

7장   일하는 방식의 변화

in business

기회는
일상 속에 있다

아직은 인공지능을 활용한다고 하면 너무 심각하게 받아들이는 경향이 있다. 인공지능 자체를 지나치게 대단한 것으로 생각하기도 하고, 아니면 완전히 새로운 어떤 일을 새로 만들어서 인공지능을 써야 할 것으로 생각하기도 한다. 그럴 필요가 전혀 없다. 인공지능을 활용한다는 것은 엄청나게 대단한 무언가가 아니다.

앞서 소개한 JINS의 안경 추천이 좋은 사례다. 고객이 안경을 쓴 모습을 보고 어울리는지 얘기해준다는 일상의 당연한 일을 다른 관점으로 다시 보면서 인공지능으로 멋지게 서비스했다. JINS의 여러 직원들이 생각하는 사람의 얼굴과 안경 디자인이 어울리는 정도를 토대로, 인공지능이 일관성 있게 어울림의 정도를 숫자로 만든 것이고, 그것을 서비스화한 것이다. 인공지능을 통해서 이렇게 여러 인간의 생각과 행동을 하나로 모아 더 좋게 만들어서 서비스화할 수 있다. 여기서 중요한 것은 바로 일상의 당연한 일을 다른 관점으로 다시 봤다는 것이다. '직원마다 보는 눈이 다 다르기 마련인데 우리가 고객이 만족할 만한 추천을 일관성 있게 하고 있을까?'라고 의심했던 것이 중요한 점이다.

또 다른 일본 사례가 있다. 고이케 마코토는 자동차 회사에서 시스템 디자이너로 일하다가 2015년에 고향으로 돌아가 오이 농사를 짓는 부모님을 도왔다. 그러다가 오이를 재배하는 일 못지않게 오이를 분류하는 일이 큰일임을 알게 되었다. 바쁠 때는 모양, 색, 크기가 제각 각인 오이를 9개의 등급으로 분류하는 일만 하루에 8시간씩 해야 했 다. 고이케 마코토는 이 오이 분류에 딥러닝을 사용했다. 몇만 원에 불 과한 초소형·초저가 컴퓨터 라즈베리파이raspberry pi로 오이 사진을 찍 고, 구글이 공개한 머신러닝 오픈소스 텐서플로tensor flow를 이용해 딥 러닝으로 오이를 등급별로 분류한 것이다. 〈그림 23〉은 딥러닝 기반 자동 오이 분류기의 모습이다.

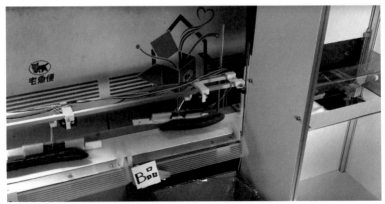

| 그림 23 | 딥러닝 기반 자동 오이 분류기
(출처: YouTube의 TensorFlow powered cucumber sorter by Makoto Koike 캡처)

고이케 마코토는 머신러닝 전문가가 아니었지만, 이미 공개되 어 있는 방법을 응용하여 어떻게 인공지능을 활용할 수 있는지 멋지게 보여주었다. 인공지능을 활용한다는 것은 엄청나게 어려운 일이 아니다. 이렇게 일상생활 속에서 당연하게 생각하고 스쳐 지나가는 일들 속에 기회가 있는 것이다.

꿀벌을 기르는 스웨덴의 양봉업자 비요른 라거맨Björn Lagerman 은 양봉에 머신러닝을 활용한다. 양봉할 때 가장 어려운 일은 꿀벌의 기생충 감염이다. 바로아 응애varroa mite라고 하는 진드기가 꿀벌과 애벌레 몸에 기생하여 병에 걸려 죽게 하고, 날개 없는 벌이 태어나도록 하는 불구 바이러스를 퍼트리기도 하여 꿀벌 집단 전체를 몰살시킨다. 바로아 진드기는 빠르게 확산되기 때문에 감염을 조기 발견해서 조치를 취해야만 한다. 그런데 벌 한 마리씩을 잡아서 천천히 자세히 살펴보면 진드기가 눈에 보이지만, 수많은 벌들이 바삐 움직이는 벌집을 인간의 눈으로 봐서는 어떤 벌이 감염되었는지 쉽게 알 수가 없다. 그래서 벌집 전체에 인간의 눈에 보일 정도로 진드기 감염이 많이 확산되어야 뒤늦게 알게 되는 것이다.

이 문제를 해결하기 위해, 라거맨은 머신러닝으로 벌들의 기생충 감염을 빠르게 확인하는 시스템 '비스캐닝BeeScanning'을 만들었다. 비스캐닝은 거창한 장치가 아니라 스마트폰 앱이다. 스마트폰의 카메라로 벌들을 찍기만 하면 머신러닝이 사진을 분석하여 꿀벌의 기생충 감염 여부, 감염 퍼센티지, 날개가 기형인지 아닌지 등을 빠르게 알려준다.

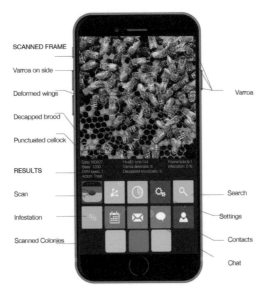

| 그림 24 | 비스캐닝 앱 화면
(출처: http://beescanning.com)

　　바로 이런 것이다. 평소에 힘들었지만 뾰족한 방법이 없어서 어쩔 수 없다고 생각했던 일들을 다시 봐야 한다. 그런 일들을 인공지능으로 해결할 수 있다. 인간의 인식 능력, 판단 능력, 계산 능력, 정보 처리 능력 등을 완전히 다른 차원으로 더 강화시키는 인공지능이라는 도구는 바로 이렇게 사용하는 것이다. 스윙 한 번에 큰 홈런을 치겠다고 어깨에 잔뜩 힘을 주고 있으면 공을 맞히기도 어렵다. 인공지능이라고 해서 엄청나게 대단한 새로운 일을 만들어내는 것이 아니다. 어깨의 힘을 빼고 간결하고 자연스러운 스윙을 해야 안타가 나오고 홈런도 나오듯이 가볍게 접근하며 활용처를 찾아내는 것이다.

이벤트가 아닌
일상으로

3장의 '예측으로 하는 진정한 개인화'에서 간단히 언급한 넷플릭스www.netflix.com는 아주 다양하고 세밀한 분석을 통해 고객 개인별로 정교한 추천 서비스를 제공한다. 넷플릭스 사용자는 90초 이내에 10~20개의 동영상 콘텐츠를 훑어보고 그중 3개 정도를 자세히 본다고 한다. 이때 관심 있는 콘텐츠가 있으면 시청하고 그렇지 않으면 이탈할 가능성이 커진다. 그 짧은 시간 안에 고객이 시청을 시작하게 하는 것이 그들의 목적이다. 그들은 고객이 콘텐츠를 선택하는 이유를 분석해서 지속적으로 개인별 추천 알고리즘을 변경해간다. 밸런타인데이 주간에는 로맨틱한 영화 소비가 늘어난다는 등의 주기성도 반영한다. 시리즈물의 시청이 중단되었을 때 잠시 중단한 것인지, 마음에 들지 않아서 시청을 아예 중단한 것인지 중단 이유도 예측하여 그에 맞는 추천을 한다. 개인의 콘텐츠 소비를 바탕으로만 추천을 계속하면 식상해지니까 일부러 추천 순위가 낮은 것을 중간에 섞어놓아 뜻밖의 재미serendipity를 주기도 한다. 추천 이외에 20퍼센트의 시청이 검색에 의해 이루어지는데 이 검색 결과를 보여줄 때도 키워드를 기반으로 한 검색 결과와 실제 의도 추정에 의한 검색 결과를 함께 보여준다.

워낙 유명하고 찬사를 많이 받는 넷플릭스의 개인별 맞춤 알고리즘은 아주 멋져 보인다. 그리고 사람들은 그런 추천 알고리즘과, 추천 솔루션을 어디서 구할 수 있는지 궁금해한다. 그런데 알고리즘에만 집중하면 정말 중요한 것을 놓칠 수가 있다. 겉으로 드러나는 알고리즘은 사실 결과일 뿐이고, 넷플릭스의 추천에서 정말로 중요한 것은 바로 지속적인 개선이 가능하도록 하는 기업 문화이다.

넷플릭스에 세계 최고의 추천 전문가들이 있고, 그들이 연구실에서 최고의 알고리즘을 만들어 서비스에 적용하는 것이 아니다. 세계 최고의 전문가들이 아니라는 것이 아니라, 만들어서 적용하는 것이 아니라는 의미이다. 그들은 적용해서 만들어간다. 알고리즘이 완벽하지 않아도 일단 적용 후에, 대조군과 실험군을 나누어서 어느 쪽이 더 효과가 좋은지 비교하는 A/B 테스트를 하고, 그 결과를 바탕으로 지속적으로 알고리즘을 업데이트한다. 넷플릭스의 추천 알고리즘은 연구와 실험의 결과물이 아니다. 연구와 실험 그 자체이다. 단 한 순간도 정지되어 완성된 순간이 없다. 매 순간, 지금 이 순간에도 실제 서비스상에서 수많은 A/B 테스트가 진행 중이다.

넷플릭스 추천 알고리즘은 기술적으로 최고 수준으로 고도화되어 있다. 그래서 많은 기업이 그런 솔루션을 도입해서 사용하면 넷플릭스처럼 될 수 있을 것이라고 생각한다. 과연 그럴까? 넷플릭스의 고도화된 알고리즘은 방금 말했듯이 지속적인 개선 프로세스의 결과물일 뿐이다. 넷플릭스의 추천 알고리즘은 넷플릭스의 데이터로 넷플릭스에서만 동작한다. 그래서 그들의 추천 알고리즘을 구매할 수는 없다. 설사 그들이 언젠가 솔루션화해서 판매한다고 해도, 그들의 문화와 엮여 있는 지속 개선이 핵심이기에 그것은 절대 그것 그대로 판매할 수가 없다.

혁신은 두 가지 모습을 띠고 있다. 하나는 일상을 뛰어넘어 한꺼번에 근본적인 변화를 이루는 것이다. 그리고 다른 하나는 일상에서의 꾸준한 반복을 통해 점진적으로 개선해서 결국 시간이 흐른 뒤에는 큰 변화를 얻게 되는 모습이다. 우리가 하는 일 모두를 뒤집어엎을 필요는 없다. 매일 조금씩 좋아지는 일상의 개선이 더 현실적이고 효과적인 변화의 방법이 될 수도 있다.

기술이 선두에서
이끌어야 한다

앞장에서 인공지능의 활용을 위해 변화와 조직 관리가 중요하다고 했지만, 그런 것도 무언가 소재가 있어야 시작할 수 있다. 그래서 역시 순서상으로 보면 기술이 먼저다. 역사적으로도 항상 이론과 기술이 먼저 나왔다. 그다음에 기술이 사회에 받아들여지면, 이후에 사업적 시도가 따라붙고, 그 사업적 시도가 성공을 거두면 그 방향에 맞춰 기술이 더 발전하게 된다. 그다음에 수익을 만들 수 있는 비즈니스 모델이 생긴다. 그러면 기존에 없던 새로운 사업 형태이기 때문에 기존의 조직·법·사회 체계와의 충돌이 생기게 되고, 마지막으로 새로운 환경에 맞게 체계들이 정비된다.

모든 흐름의 시작은 이론과 기술이다. 인공지능과 데이터 드리븐 비즈니스 역시 마찬가지다. 처음에는 기술이 뭔가 가능성을 보여주어야 한다. 조직을 바꾼다는 것은 말처럼 쉬운 일이 아니다. 많은 어려움이 있고, 자칫 잘못하면 기존의 것들까지 잃어버릴 수 있는 중요한 일이다. 이런 일을 추진하기 위해서는 확신이 있어야 하고, 최소한 어느 정도 가능성은 보여야 시작할 수 있다. 앞서 얘기한, 진정으로 의미 있는 변화를 통해 성공한 혁신은 상향식으로 성공한 사례가 없고, 모두 하향식으로만 성공했다는 것과 혼동해서는 안 된다. 기업의 진정한 변화는 오직 하향식으로 가능하지만, 그 변화가 시작되는 실마리, 추진 과정의 힘, 결과를 이끌어내는 중요 요소는 실무 안의 기술이다.

그러므로 실무진에서 시작해야 한다. 실무 속에서 무언가 발굴해야 한다. 인공지능, 머신러닝, 데이터 기술을 사용하여 업무를 혁신하고 개선할 지점을 찾아내는 것은 실무진의 역할이자 책임이다. 공부를 하고 실력을 키워야 한다. 경주마처럼 내 앞만 보지 말고 주위를 둘러보며 시각을 확장해야 한다. 아무 생각 없이 매일 하던 대로만 하면 안 된다. 실무를 깊이 아는 현업 전문가야말로 의미 있는 아이디어를 낼 수 있다. 새로운 기술에 관심이 있는 사람이 새로운 시도를 해볼 수도 있다. 데이터 분석가나 기술 전문가들이 새로운 접근 방법을 제시할 수도 있다. 단순 반복 업무를 하던 사람이 모든 것을 바꿀 아이디어를 낼 수도 있다. 이렇게 도구를 현명하게 사용하여 스스로를 바꾸고 발전시키는 사람들이 기회를 갖게 될 것이다. 그렇지 않은 사람들은 현명한 사람들과 그들이 도구로 활용하는 인공지능에 밀려 대체될 수도 있다.

그래서 문제는 다시 조직 관리이기도 하다. 무언가 싹을 틔울 수 있는 분위기를 만들고, 새로운 시도를 할 수 있도록 조직을 세팅하고, 의미 있는 싹인지 아닌지 제대로 판단하고, 많은 길들 중 어느 길은 가고 어느 길은 가지 않을지 판단하고, 의미 있는 변화를 이끌어내며, 관리하고 지원하는 것은 역시 리더의 역할이기 때문이다.

공부하고 따라 해서
역량 키우기

지금처럼 정보가 세계적으로 쉽게 공유되지 않았던 과거에는 어떤 분야의 권위자가 가진 지식에 도달하기 위해서 많은 시간과 노력이 필요했다. 앞서고 있는 기업이 쓰고 있는 기술 수준을 따라잡기 위해서도 많은 비용이 들었다. 그런데 지금 인공지능, 머신러닝, 데이터 사이언스의 기술은 양상이 조금 다르다. 이들 분야에서 누가 어떤 신기술을 만들어내면, 금세 정리되어 전 세계에 오픈된다. 어떤 실험을 했고 어떤 결과가 나왔는지 등을 서로 경쟁적으로 알린다. 그리고 그 방법은 곧 오픈 소스화된다. 지난주에 발표된 세계적인 딥러닝 권위자의 최신 연구 결과를 오늘이라도 당장 한국의 학부생이 직접 구현해볼 수 있다. 기껏 열심히 한 일을 왜 이렇게 공개할까? 내가 열심히 연구해서 만든 기술을 많은 사람이 쓰는 것이 나에게 유리하기 때문이다. 기술을 선도하고 전파해서 생태계 생성을 유도하는 것이 전체 시장을 키우는 길이기도 하다.

전 세계 절대 다수의 기업은 응용 기술의 영역 안에 있다. 무슨 이유에서건 원천 기술로 구글 등과 정면 대결을 해야 하는 기업이나 학계, 연구 기관이 아니라면 대부분의 기업은 원천 기술이 아니라 응용 기술에 집중해야 한다. 이미 엄청나게 많이 쏟아져 나오고 있고 앞으로는 더 많이 나올 인공지능 기술을 나의 상황에 맞게 응용해서 쓰는 역량을 발전시켜야 한다. 나에게 적합한 최고의 응용 기술은 내가 스스로 얼마든지 만들 수 있다. 좋은 망치는 망치 공장에서 잘 만들라고 하고 우리는 건물을 잘 짓기 위해 망치 사용 기술을 늘리면 되는 것이다.

기술 담당자들이 인공지능 응용 기술을 발전시키기 위해 택하는 가장 좋은 방법은 바로 '따라 하기'이다. 논문을 많이 읽고 그대로 똑같이 따라 해서 결과까지 똑같이 나오도록 따라 해보는 것이 최고의 방법이다. 아직 역량이 부족할수록 더 도움이 되는 방법이다. 사실은 어느 정도 실력 있는 전문가들도 이렇게 하는데 이것이 아주 좋은 방법이기 때문이다.

직접 전문적으로 기술을 다룰 수 없는 사람들이 더 많다. 그래도 기술적 개념을 알아야 한다. 인터넷 사업을 하기 위해 모든 임직원이 웹사이트를 개발할 줄 알아야 했던 것은 아니지만, 인터넷이 무엇이고, 그 안에 어떤 기술이 있고, 그 기술은 어떤 특성이 있고, 어떤 사업적 기회가 있는지 등은 알아야 했던 것과 마찬가지다. '인공지능은 인간 비슷한 기계' 정도의 흐릿한 개념을 가지고는 아무것도 할 수 없다. 현재 인공지능을 이루고 있는 기술이 무엇이고, 지금 어느 정도까지 발전했으며, 어떤 것을 할 수 있고, 어떤 특성이 있으며, 앞으로 어떻게 될 것 같고, 어떤 것은 곧 되겠지만 어떤 것은 아직 시간이 많이 필요할 것이고 등을 알아야 사업에 활용할 수 있다. 이를 위해 인터넷을 통해 정보도 찾아보고 관련 책도 찾아 읽는 등 최소한의 학습은 해야 한다. 이런 공부를 위해 별도의 사내 교육 과정을 만들어 운영하는 것도 좋은 방법일 것이다.

이렇게 하면서 인공지능 기술에 대한 이해를 높이면, 실무의 어느 부분과 접목해야 하는지 절묘한 접점이 보인다. 매번 그런 일이 생기지는 않지만, 꾸준히 따라 해보면서 역량을 올려나가면 전에 없던 새로운 눈을 가질 수 있게 된다. 같은 상황을 보고도 전과는 다른 측면들이 보이게 되는 것이다. 앞에서 예를 들었듯이, 예측 모델을 알고 있으면 기존의 타게팅 업무를 어떻게 예측 모델화할 수 있을지 아이디어가 생긴다. 클러스터링에 대해 알고 있으면 브레인스토밍과 같은 기존 방법의 한계가 뻔히 보이면서 더 좋은 방법으로 고객 분류를 할 수 있다.

실패, 시행착오, 갈등은
좋은 신호

농구를 처음 한다면 앉아서 골을 어떻게 넣을지 계획만 세우지 말고 일단 공을 많이 던져봐야 할 것이다. 첫 번째 슛은 들어가지 않는다. 두 번째 슛도 마찬가지다. 하지만 이것은 실패가 아니라 과정이다. 처음에 들어가지 않더라도 계속 던지고 또 던지며 슛에 대한 감각을 만들어가다 보면 언젠가 멋진 3점슛도 성공시킬 수 있다.

데이터 기술을 바탕으로 데이터를 비즈니스에 접목하는 것도 마찬가지다. 한 번에 성공하려고 하면 안 된다. 기술에 대한 지식과 적용 경험이 거의 없는데도 불구하고 단 한 번의 시도로 엄청난 과제를 해내야 한다며 열심히 회의를 하고 계획서를 써봐야 큰 의미는 없다. 배우고 경험한다는 생각으로 작은 일부터 그냥 시도해보는 것이 훨씬 좋은 방법이다.

자꾸 시도해보고 그 과정에서 이런저런 실패를 해봐야 한다. 포기하지 않고 꾸준하게 가는 길에서 하는 시행착오는 피와 살이 되는 좋은 경험이다. 이 세상에 어떤 일도 시행착오의 과정 없이 성공하기는 어렵다. 운 좋게 어쩌다 한 번에 성공하더라도, 중간 과정에서 배우고 경험한 것이 적기 때문에 탄탄하지 않고 반복적인 성공으로 이어지기도 어렵다.

그런데 우리는 실패를 잘 용인하지 않는다. 실패는 곧 저평가이고, 승진할 수 없음이고, 곧 도태이다. 그래서 어떤 경우에는 새로운 시도를 하는 것보다는 대충 적당히 하며 사고 치지 않는 것이 더 좋은 성공 방법이라고 여긴다. 이래서는 안 된다. 오히려 실패를 장려해야 한다. 큰 틀에서 올바른 방향으로 가고 있다면 중간 과정의 시행착오는 좋은 것이다.

혹시 인공지능, 머신러닝을 도입하여 데이터 드리븐 비즈니스를 추진하고 있는데 별다른 갈등 없이 모든 것이 잘 풀리고 있는가? 그렇다면 경계해야 한다. 어쩌면 오히려 문제를 공론화할 수 없을 정도로 조직이 경직되어 있는 상황일 수도 있다. 제대로 쓰인다면 기존의 프로세스가 변경될 수밖에 없는데, 그렇다면 조용할 수가 없다. 바른 방향으로 가고 있다면 무언가 바뀌게 될 것이고, 그렇다면 기존의 환경에서 만족하던 사람들의 불만이 생기기도 하고, 새롭게 만족하게 되는 사람이 생길 수도 있다. 만약 변화 과정에서 조직에 정말로 아무런 문제가 없다면, 데이터 활용이 크게 중요하지는 않은 지엽적인 부분에 제한적으로만 쓰이고 있는 것일 수 있다. 어쨌든 어떤 변화가 있어야 하는 것이다. 그래서 데이터 드리븐 비즈니스 도입과 확산 과정에서 생기는 갈등은 무언가 잘 되고 있다는 증거가 되기도 한다.

3부

실질적 실행

A   I

8장   데이터 활용의 단계

in business

데이터는 분석하는 것이 아니라 활용하는 것

'데이터'라는 말에 늘 따라붙는 말이 '분석'이다. 데이터 활용이 곧 데이터 분석인 것처럼 생각한다. 그리고 데이터 분석의 목적은 '숨겨진 인사이트를 찾아내서 의사결정에 사용하기 위해서'라고 생각한다. 인공지능의 시대에 이제 이런 생각들은 바뀌야 한다. 데이터에 따라붙는 말은 분석이 아니라 '활용'이어야 한다. 데이터 분석은 데이터 활용의 여러 형태 중 하나에 불과하다. 그 둘은 결코 같지 않다.

현실에서는 데이터를 분석해서 의사결정을 하는 것이 아니라, 이미 정해진 의사결정에 대한 근거 자료 마련을 위해 데이터 분석을 할 때가 아주 많다. 우리 기업에서는 아직 가설의 수립과 의사결정 사이에 큰 차이가 없다. 특히 직급이 높은 사람의 가설 또는 아이디어가 곧 의사결정인 경우가 많기 때문에, 데이터 분석의 목적이 의사결정이라고 하는 것이 무조건 맞는 말은 아니다.

데이터가 분석을 하는 대상이라는 생각을 버려야 진정한 데이터 활용이 시작될 수 있다. 물론 데이터 활용 안에 데이터 분석을 통한 인사이트 발굴과 의사결정도 있다. 그러나 데이터 활용에서 데이터 분석을 통한 인사이트 발굴보다 훨씬 더 중요한 것이 있다. 바로 '데이터 가치화'이다. 기존의 데이터를 통해 전에 없던 새로운 가치를 갖는 데이터를 만들어내는 것이 더 좋은 데이터 활용 방법이다. 2장의 '지도 학습으로 예측하기'에서 예로 든 셔츠 구매 예측을 다시 떠올려보자. 구매 총액, 구매 횟수 등 기존에 존재하던 데이터를 가지고, 전에 없던 '고객별 셔츠 구매 예측 확률값'이라는 새로운 가치 데이터를 만들었다. 이런 것이 인공지능 시대의 데이터 활용이다.

구매 총액, 구매 횟수 등의 기존 데이터를 가지고 과거의 구매 추이가 어떻게 변했다든지, 고객별 평균 구매 금액이 얼마라든지 하는 등의 분석도 물론 중요하다. 하지만 그러한 분석 행위가 매출 증대와 같은 실질적 이득에 직접적인 영향을 줄 수 있는 것은 아니다. 사실은 간접적인 영향이라도 줄 수 있는 의미 있는 인사이트를 찾아내는 경우도 매우 드물다. 분석을 아무리 해봐도 멋진 인사이트는 자주 나오지 않는데, 그런 인사이트가 언제 나올 줄 알고 매일 데이터 분석만 하고 있겠다는 건가. 데이터를 분석하는 것에 머무를 것이 아니라 가지고 있는 데이터를 통해 더 가치 있는 다른 데이터를 만들어내는 것에 집중해야 한다.

그런데 데이터 가치화도 끝이 아니다. 이조차도 아직 수단에 불과하다. 진정한 데이터 활용은 바로 분석을 통해 알게 된 인사이트와 새로 만들어낸 가치 데이터를 통해 '비즈니스를 변화'시키는 것이다. 업무 프로세스가 효율적으로 바뀌든, 매출이 증가하든, 비용이 감소하든, 그 어떤 것이든 변화가 있어야만 의미 있는 데이터 활용이다. 아무리 멋진 데이터 분석도, 아무리 훌륭한 데이터 가치화도 변화를 유발하지 않는다면 귀중한 자원을 낭비하는 무의미한 일이고 기회비용을 날리는 헛된 일일 뿐이다.

반드시
거쳐야 하는 단계

진정한 데이터 활용을 위해 거쳐야 하는 발전 단계가 있다. 다양한 사업 영역에 저마다 상황이 다른 수많은 기업이 있지만, 모두 같은 발전 단계를 밟아야 한다.

- 1단계 데이터 파악: 아주 구체적으로
- 2단계 파일럿 프로젝트: 프로세스 변경 중심으로 작고 빠르게
- 3단계 데이터 수집 및 저장: 원시 데이터를 한곳에
- 4단계 본격적 활용 및 기법·기술·노하우의 성숙: 데이터 가치화, 개선 요소 발굴, 업무 프로세스 변경, 업무 효율화, 의사결정 방식 변경, 차별화된 경쟁력 확보, 수익 증대, 비용 절감 등을 위한 데이터 활용 추진
- 5단계 비즈니스 확장 및 신규 비즈니스 개발: 기업 내에서 범용화된 기법을 바탕으로 기존 비즈니스를 확장하고, 새로운 비즈니스 모델을 개발

이 단계들은 반드시 순서대로 거쳐야 한다. 경우에 따라 단계를

축약해서 빨리 밟아 올라가거나, 바로 인접한 단계들을 동시에 진행할 수는 있다. 3단계까지는 동시 진행이 가능하고, 가능하다면 동시에 진행하는 것이 좋을 때도 있다. 하지만 그 이상은 뛰어넘을 수 없다. 3단계 완성 이전에 5단계를 하려고 해서는 안 된다. 억지로 추진해보아도 잘 되지 않는다.

이렇게 놓고 보면 단계별로 밟아가야 한다는 것이 당연한 얘기처럼 보인다. 하지만 현실에서는 데이터 활용의 단계는 물론, 단계를 순서대로 거쳐야만 한다는 인식 자체가 별로 없기 때문에 결코 당연하지가 않다. 오히려 실제 기업 현장에서는 아래의 두 가지 경우가 흔히 발생한다.

첫 번째는 준비 단계에서 그만두는 경우다. 1단계 데이터 파악부터 3단계 데이터 저장까지는 크게 보아 준비 단계이다. 그런데 이 단계들의 완료를 기다리지 못하고 그만두는 경우가 많다. 이어서 살펴보겠지만, 1단계와 3단계는 지루하고 재미없고 시간도 오래 걸린다. 이 단계에서는 집중해야 할 목표가 따로 있다. 그런데 4단계쯤은 가야 겨우 얻을 수 있는 가시적 성과를 이 준비 단계에서 원한다. 아무리 원해도 아무것도 나오지 않으니 기다리지 못하고 도중에 포기해버린다. 보통 이 경우 겉으로 나타나는 표피적 현상 몇 개를 실패의 이유로 생각하는데, 사실은 준비 단계에 대한 이해 부족과 잘못된 목표 설정 그리고 노하우와 인내심 부족이 진짜 이유다.

두 번째는 단계를 너무 크게 뛰어넘으려 하는 경우다. 1단계 데이터 파악도 제대로 되어 있지 않은데 5단계 신규 비즈니스부터 원하는 경우가 많다. 기존 사업이 어느 정도 안정된 경우, 기존 사업의 성장이 둔화된 경우, 새로운 수익 모델에 대한 니즈가 큰 경우에 자주 저지르는 실수이다. 대기업에서 많이 볼 수 있는 모습이다. 데이터를 잘 활용하여 기존 사업에서 그 성공의 결과가 차고 넘치는 경우를 거치지 않고는 결코 데이터 기반으로 신규 사업을 만들 수 없다. 기존 사업에서조차 데이터를 잘 활용하지 못하면서, 데이터를 가지고 새로운 사업을 만들어낸 사례가 세계 경영 역사에 없다. 단계는 예외 없이 반드시 거쳐야 한다.

1단계
데이터 파악: 구체적으로

단순한 데이터 분석을 위해서든 머신러닝과 인공지능을 사용하기 위해서든, 어쨌든 데이터는 필요하다. 그렇다면 데이터는 어디에서 나오는가? 데이터는 기존 사업의 운영 시스템에서 나온다. 기업의 많은 임직원이 자신의 사업에 어떤 데이터가 있다는 것을 알고 있다고 생각한다. 하지만 실제로 데이터 사정을 제대로 알고 있는 경우는 거의 없다. 기업 구성원 대부분은 원시 데이터raw data의 모습은 본 적이 없고, 실무 담당자도 자신이 매일 사용하는 운영 시스템에서 어떤 데이터가 어떻게 생산, 저장, 소멸되는지 잘 모른다. 주어진 임무를 하기 위해 굳이 그런 것까지 알 필요가 없기 때문이다. 해당 시스템을 직접 개발한 개발자 정도가 대략 알고 있겠지만, 그것도 막 개발한 직후에나 어렴풋하게 알 뿐이지, 개발된 지 오래된 시스템은 아무런 자료도 남아 있지 않은 경우가 태반이다. 외주 개발사를 통한 개발일 경우는 개발했던 담당자의 이직 등 여러 사유로 운영 시스템의 데이터 사정을 알기 어렵다. 나름대로 잘 관리되고 있다고 자부하는 운영 시스템도 오랜 시간 동안 여러 요구를 충족시키기 위해 업그레이드가 반복되면서 데이터 파악은 고사하고 기능들조차 뒤죽박죽되어 있다. 이것이 우리 운영 시스템의 현실이다.

사고를 전환해야 한다. 운영 시스템은 운영을 하기 위한 시스템이라는 인식에 더해, 운영 시스템이 바로 그 운영을 혁신할 재료를 생산하는 시스템이라고 생각해야 한다. 당연히 그 재료는 데이터다. 사고를 바꾸면 운영 시스템이 다르게 보이고, 다르게 관리하게 되고, 다르게 업그레이드하게 된다. 고장 예측을 하려고 했는데 생산 설비의 로그 데이터 용량이 크다는 이유로 고작 일주일 분량만 저장하고 있다면, 더 긴 기간의 데이터를 저장하도록 바꾸어야 할 것이다. 제품 수요 예측을 하려고 했는데 기껏 3개월 분량의 데이터만 저장하고 있다면 계절적 효과seasonal effect를 알 수가 없다. 지금부터라도 데이터를 하나도 지우지 말고 모두 다 저장하기 시작해야 한다. 큰 문제 없이 운영되면 그냥 놔두는 것이 아니라, 데이터 활용 관점에서 운영 시스템을 다르게 바라보고 다르게 관리해야 한다.

이 1단계 데이터 파악은 생각보다 어려운 일이다. 누군가 운영 시스템 코드와 데이터베이스를 일일이 뜯어봐야 하기 때문이다. 많은 경우 이 일을 할 적절한 담당자를 정하지 못한다. 그동안 이런 일을 우선순위 높은 업무로 가진 사람이 없었기 때문에 새로 정하기도 모호하다. 개발팀과 같은 IT 조직에게 시키면 되겠다고 생각하겠지만, 이미 가지고 있는 목표가 따로 있고 매일의 운영 업무로 정신없이 돌아가는 IT 조직에게 이런 일은 결코 쉬운 일이 아니다. 명확하게 '모든 데이터의 파악'이라는 새로운 목표를 제시하고 업무를 조정해주지 않는 이상 실제로는 잘 되지 않는다. 작은 운영 시스템의 경우라면 그다지 어렵지 않게 할 수 있겠지만, 오래되고 큰 시스템의 경우 구체적인 데이터의 파악이란 잠깐 과외로 할 수 있는 수준의 일이 아니다. 개별 담당자 입장에서는 데이터 파악은 자신의 목표 달성과 평가에 별 도움이 되지 않는 귀찮은 일일 뿐이다.

그렇다면 데이터 분석가에게 데이터 파악을 하게 하면 될까? 그들은 이런 일에 적합하지 않고 잘 할 수 있는 사람들도 아니다. 업무와 시스템을 잘 모르기 때문이다. 기존 운영 시스템의 내용을 아는 사람들과 협업은 가능하겠지만 결코 중심이 될 수는 없다. 데이터 분석가들은 데이터를 분석하여 데이터의 가치를 높이고 인사이트를 찾는 본연의 임무를 위해 파악·정리된 데이터 현황을 제공받아야 하는 입장이다.

처음에 현실적으로 바람직한 것은 IT 조직이 현재의 데이터를 세세하게 파악하고, 상시적으로 잘 관리하는 것을 중요도 높은 업무로 갖도록 하고, 이 업무 성과를 정당하게 평가해주는 것이다. 물론 목표가 세팅되는 연말연초가 아니라 연중 어느 때건 바로 공식적으로 조정해야 한다. 더 바람직한 것은 현업의 누군가가 어떤 데이터가 어디서 어떻게 생성되고 저장되는지 파악하고 관리하는 분명한 역할을 갖는 것이다.

만약 필드 단위로 세세하게 파악되어 정리된 데이터를 손에 넣게 된다면, 그 자체만으로도 큰 성과다. 많은 기업이 잘 해내지 못하는 일을 해낸 것이기도 하다. 그런데 이 과정에서 원래의 목적 이외에 더 소중한 다른 것을 얻게 된다. 그래서 이 1단계가 중요하다. 데이터 현황을 파악하는 과정에서 자연스럽게 운영 시스템의 실체도 파악하게 된다. 업무 프로세스 자체에 대한 문제를 발견하기도 한다. 많은 경우에 데이터가 제대로 저장되지 않아서, 실제로 제대로 사용할 수 있는 데이터가 거의 없다는 현실에 직면하기도 한다. 물론 이것은 아주 좋은 결과이다. 상황을 정확히 알게 되어 다시 제대로 시작할 수 있기 때문이다. 아직은 그 뒤의 단계를 논할 상황이 아님을 자각하게 되는 것이다. 그 결과 이제 목표가 바뀌어서 데이터 활용 이전에 먼저 운영 시스템부터 바로잡아야 한다고 생각한다면 아주 좋은 것이다. 제대로 된 운영 시스템 및 데이터 저장 시스템을 갖는 일이 인공지능 활용의 기초 공사이기 때문이다.

2단계
파일럿 프로젝트: 데이터 분석하면 실패

2단계는 데이터를 이용하여 업무 프로세스를 변경하는 파일럿(시험) 프로젝트다. 작고 빠르게 결과를 볼 수 있는 것을 선택해야 한다. 이 단계에서는 특별하게 주의를 기울이지 않는 한 데이터 분석을 하게 된다. 그런데 여기서 가장 주의해야 할 점은 바로 '데이터 분석을 하면 안 된다'는 것이다. 데이터를 파악했으면 그다음에는 당연히 데이터를 분석해야 할 것이라고 생각하기 쉽다. 그러나, 데이터 분석을 먼저 시작하게 되면 그 순간부터 실질적인 진척이 중지되며 2단계의 실패 가능성이 급격하게 올라간다. 여기서 데이터 분석을 하게 되면 상황을 설명하는 기술적 분석descriptive analytics을 하기 쉬운데 그것은 큰 의미가 없다. 여기서는 데이터 분석이 아닌, 이 한 가지에만 집중해야 한다. '기존의 업무 프로세스를 변경할 포인트를 찾기'.

오직 여기에만 집중해야 한다. 데이터를 활용하여 업무를 개선할 것을 찾는 것이다. 프로세스를 변경할 업무들은 크게 두 가지가 있다. 첫 번째는 항상 변화에 대한 갈증이 있는 업무들이다. 항상 고민인 업무들, 개선할 여지가 많고, 뭐가 문제인지는 알지만 뾰족한 해결책이 없고, 이런저런 이유로 수년째 계속 골칫덩이인 업무들이다. 두 번째는 너무나 당연한 업무들이다. 오랫동안 같은 방식으로 해오던 업무들, 그것이 문제라고 여겨지지도 않는 업무들, 거의 언급도 안 되는 업무들, 언젠가 한 번쯤은 손을 보겠다고 하지만 급하지 않기에 오랫동안 고민을 뒤로 미루었던 업무들, 하지만 앞으로도 깊은 고민을 할 시간은 없을 것 같은 업무들, 그저 공기 같은 업무들, 그러면서도 매출에 큰 관계가 있는 운영 업무들, 특히 이미 이런저런 데이터도 잘 사용하며 최대한 잘 하고 있다고 생각하는 업무들이다.

먼저 이 두 가지에 해당하는 업무 모두를 리스트업한다. 많이 할수록 좋다. 첫 번째 종류는 항상 문제가 되는 것들이니 리스트업하기가 비교적 쉬울 것이다. 두 번째 종류는 리스트업이 쉽지는 않을 것이다. 그동안 문제라고 여기지 않았기 때문이다. 하지만 새로운 관점을 갖고 당연한 것을 당연하게만 보지 말고 도전해야 한다. 이 일을 하기 위해 인공지능이니 머신러닝이니 데이터 분석이니 하는 것들은 몰라도 아무 상관 없다. 아무 문제도 없어 보이는 상황에서 문제를 찾아내는 것이 시작이다. 여기에 모든 것을 바꿀 보석들이 숨어 있다.

리스트업을 마쳤다면, 여기서 하나를 선택해야 한다. 이 리스트와 1단계에서 파악한 데이터를 같이 펼쳐놓고 바라본다. 업무 리스트 중에서 데이터와 연관 있어 보이는 것을 먼저 추린다. 이쯤에서 1단계에서 데이터를 제대로 파악했는지 의심이 든다면 아주 좋다. 1단계로 돌아가 어떤 특정 목적에 맞춰서 다시 파악해야겠다는 생각이 들었다면 잘하고 있다는 증거다. 그럼 1단계로 다시 돌아가거나 1, 2단계를 왔다 갔다 하며 동시에 진행한다.

그다음에는 적절한 것을 선택한다. 너무 오래 걸리지 않으면서 업무와 조직에 변화가 생길 수 있는 것이 좋다. 너무 작은 것은 조직에 임팩트를 주기 어렵고, 너무 큰 것은 파일럿에 적합하지 않으니 고르기가 어려울 수도 있다. 그래서 아직은 인간이 할 일이 있는 것이다. 여기서 무언가를 잘 고르는 것은 아직은 인간의 판단 영역이다. 이 판단을 제대로 하기 위해 이제는 데이터 분석이 허용된다. 분석은 바로 이때 필요하다. 어떤 일이 적절한 시간 안에 끝나면서 어느 정도 의미 있는 성과가 있을까를 판단하기 위해서 제반 사항들에 대한 기본 정보가 필요한 경우 데이터를 뽑아보고 비교하고 분석해볼 수 있다. 단, 이 분석은 대략 1주일 안에 끝날 수준으로 제한해야 한다. 자칫하면 분석만 하면서 시간을 계속 보내게 된다. 긴 분석 시간이 필요한 사안이라면 버리고 다른 것을 찾는다. 사실은 데이터 분석이 크게 필요하지 않을 수도 있다. 그저 무엇인가 개선이 필요한데 데이터로 개선할 여지가 있는 업무를 하나 고르면 된다.

그렇게 파일럿 과제가 정해졌다면, 범위를 작게 자르고 그 안에서 데이터를 사용하여 '업무 프로세스를 변경'한다. 여기서의 목표는 데이터를 사용해서 실제로 무언가를 좋게 만들 수 있다는 증거를 만드는 것이다. 일의 변경이 핵심이다. 처음부터 굳이 커다란 변화일 필요는 없다. 작은 변화라도 상관없다. 어떤 상황을 분석하여 깊이 아는 것은 목표가 아니기 때문에 분석 리포트를 너무 중요하게 생각하면 안 된다. 필요한 것은 파일럿 중인 상황이 어떻게 변하고 있는지에 대한 분석 리포트 정도다.

만약 실패한다면? 실패하는 것이 당연하다고 생각해야 한다. 그동안 해오던 오래된 관습을 깨고 새로운 가치를 찾아내는 것을 단 한 번의 파일럿 시도에서 성공하려고 한다면 너무 큰 욕심이다. 우리가 자주 보고 듣는 해외의 멋진 성공 사례 역시 수없이 많은 실패를 거쳐 나온 것이다. 결코 한 번에 성공한 것이 아니다. 그래서 2단계의 성공을 위해서는 인내심과 강한 추진력이 매우 중요하다. 한두 번의 시도에서 의미 있는 결과가 나오지 않는다고 포기하면 안 된다. 오히려 처음에는 실패한다고 생각하고, 그 과정에서 경험을 축적한다는 목표를 세우는 것도 좋다.

3단계
데이터 수집과 저장: 원시 데이터를 한곳에

2단계의 파일럿을 통해 감을 잡았다면, 이제부터 본격적으로 일이 시작된다. 원시 데이터를 한곳에 저장한다. 전체 데이터 저장이 2단계가 아니고, 3단계인 이유는 데이터 저장에는 많은 비용과 노력이 필요하기 때문이다. 1~2단계를 거치면서 데이터 현황과 데이터 활용에 대한 이해를 넓게 되면, 어떤 데이터를 어떤 주기로 어떤 형태로 저장해야 하는지를 그 전보다 더 잘 판단할 수 있게 된다. 물론 이 역시 진행 상황에 맞게 또 변경되겠지만, 그래도 1~2단계를 거친 후에 본격적인 전수 데이터 수집을 하는 편이 더 효율적이다. 여기서 중요한 것이 두 가지 있다.

첫 번째는 '한곳'이다. 서로 다른 여러 운영 시스템 입장에서는 각 시스템에서 데이터를 잘 저장하고 있다고 생각할 수 있는데, 그게 아니라 그런 각 시스템의 데이터를 별도의 단일 저장 공간에 모아서 저장해야 한다. 그렇게 해야 운영 시스템에 영향을 주지 않고 데이터 가치화 등의 작업을 할 수 있다. 그리고 한곳에 모아야 그동안 관계없어 보이던 데이터들을 통합적으로 연계하고 묶어서 완전히 새로운 가치를 만들 수 있다. 이렇게 전사의 모든 혹은 중요 데이터를 모아놓는 데이터 저장·관리 시스템을 데이터 레이크data lake라고 한다.

두 번째는 '원래 모습 그대로의 원시 데이터'다. 데이터 레이크에 저장하는 데이터는 변형되지 않은 원래 모습 그대로의 데이터여야 한다. 데이터 용량이 크다는 이유로 통계화한 후에 그 통계치만 저장하고 원래의 데이터는 버리면 안 된다. 데이터가 너무 많다고 일부만 샘플링해서 저장해도 안 된다. 원래 데이터를 모두 저장하는 것이 절대적인 원칙이다. 물론 기술적으로 정확히 말하면 전혀 아무런 변형을 하지 않을 수는 없다. 사용상 편의를 위해 일부러 약간 변형하기도 한다. 예를 들면, 각기 다른 운영 시스템에서 생산된 두 개의 다른 데이터 세트인데 결합해서 사용할 일이 많다면, 데이터 레이크에 처음 저장할 때부터 결합해서 저장하는 식이다. 이런 변형은 바람직하다. 그러나 통계화, 요약화해서 다른 수치로 바꾸면 안 된다. 원래 데이터를 그대로 다 저장해야 한다.

전사의 데이터를 어떻게 잘 관리할 것인가를 다루는 분야를 데이터 거버넌스data governance라고 한다. 대부분의 데이터 거버넌스 이론에서는 데이터 저장을 1단계의 파악과 묶어서 가장 먼저 해야 할 일로 꼽는다. 물론 그럴 수 있다면 좋을 것이다. 그런데 문제는 이 일에 큰 비용과 노력이 들어간다는 것이다. 아직 아무것도 파악하지 못했고 파일럿 경험도 없는데 투자부터 하는 것은 부담스럽다. 처음에는 무슨 데이터를 어떤 주기로 어떻게 저장해야 하는지 판단하기 쉽지 않다. 그래서 이 책에서는 본격적인 저장을 어느 정도 감을 잡은 후인 3단계에 놓았다.

데이터 활용을 위해 가장 기본이고 필수적인 데이터 저장은 당연하고 별다른 이슈가 없어 보이는 단계이다. 하지만 실제 기업 현장에서는 이 단계에서 진도가 잘 나가지 못하고 지지부진해지기 쉽다. 전수 데이터 저장은 힘들고 지루하고 어렵기 때문이다. 지금 하는 일이 무슨 의미가 있는지 회의감도 든다. 한국 기업의 장점인 빠른 속도의 반대급부인 조급증이 가장 커지는 단계다.

그래서 인공지능과 데이터 활용의 핵심이 조직 관리라고 한 것이다. 데이터는 여러 운영 시스템에서 생산되는데, 서로 이해관계가 다른 여러 조직이 자신들과 직접적인 연관이 없어 보이는 데이터 수집·저장·관리에 참여하도록 하는 것은 어려운 일이다. 그냥 놔두면 결코 돌아가지 않는다. '데이터를 저장한다'라고 하는 것은 글로 보는 것보다 훨씬 어려운 일이다. 조직 간 장벽이 높고 조직 이기주의 성향이 높은 기업이라면 더 그렇다. 대부분의 실무가 IT 기술 부서를 통해야 하기 때문에 IT 조직의 역할이 대단히 중요하다. 전문 분야 지식이 없는 최상위 경영진이 세세한 부분을 관리할 수 없어서 더 어렵기도 하다. 이 3단계 데이터 저장에서 가장 중요한 요소는 데이터 저장을 누가 중심이 되어서, 누구의 협조를 받아서, 어떻게 진행할지 조정하는 것이다. 즉, 조직별 업무 역할 정의, 권한과 책임 부여 그리고 평가 관리가 관건이다.

역할, 권한, 책임, 평가가 중요한 또 다른 이유는 실제로 데이터를 모으는 사람들이 나중에 데이터를 활용해서 직접적인 이득을 볼 사람들이 아닐 수 있기 때문이다. 데이터 수집과 저장은 주로 개발자나 데이터 엔지니어들이 하는데 데이터만 잘 모은다고 누가 인정해주는 것도 아니고, 나중에 좋은 일이 생겨도 밑단에서 데이터를 저장하고 관리하는 일에는 그다지 관심을 두지 않는다. 특별히 주목을 받지 못한다는 얘기다. 그래도 이 일은 필수적이고 매우 중요하기 때문에 누군가는 열심히 그리고 제대로 해내야 한다. 따라서 데이터 수집·저장·관리 자체에 대한 명확한 목표를 설정하고 그에 대해 정당한 평가를 해야 한다. 이는 나중에 이뤄질 실질적인 활용 성과에 대한 평가와는 별개의 문제다.

이 3단계 데이터 저장의 조직 관리에서 상위 리더들이 종종 하는 실수는 "관련 부서끼리 잘 협의해서 하세요"라고 하는 것이다. 이

것은 리더가 이 단계에서 무엇을 해야 하는지 모르고 있다는 것을 보여주는 증거일 수 있다. 협의가 안 되는 성질의 일을 협의하라고 하는 것도 문제이고, 각 조직들의 역할과 목표를 조정해야 할 본연의 역할을 하지 않는 것도 문제다. 또 다른 실수는 무조건 강하게 밀어붙이는 것이다. "무조건 협조해. 언제까지 어느 부서에서 원하는 것 다 해줘!" 하는 식이다. 다른 부분의 조정 없이 이렇게 강하게 밀어붙이기만 하는 것은 어떤 면에서는 앞의 실수보다 더 좋지 않다. 이렇게 되면 억지로 대충 해주거나, 일부분만 잘라서 대충 해주고 빠진다거나, 필요한 정보를 제공하지 않거나, 하는 척 흉내만 낼 수도 있다. 그리고 가장 좋지 않은 이유는 바로 일의 초기 단계에서부터 조직의 협력 관계를 깨버리고 시작하게 한다는 것이다. 인공지능을 활용한 데이터 활용이 조직 관리의 문제라고 하는 것은 데이터 드리븐 비즈니스는 결코 한두 부서만으로 돌아갈 수 없는 일이기 때문이다. 그런데 상호 간 공동 목표와 이해 없이 이렇게 무작정 밀어붙이면, 결국 가장 중요한 조직 간의 협력이 시작부터 무너져버린다. 데이터 저장부터 반드시 전사적인 조직 관리가 필요하다. 데이터 드리븐 비즈니스는 새로운 방식의 협력 경영 방식이다. 전사 모든 조직이 연결되고, 더 효율적인 업무 방식으로 바뀌는 것이다. 그 시작이 바로 이 3단계 데이터 수집 및 저장 단계다.

빅데이터라는 말이 유행하던 지난 몇 년 동안 기업들은 빅데이터 기술을 이용하여 이렇게 중요 데이터를 모으고, 데이터를 수집·저장·관리하는 데이터 거버넌스 체계를 마련했어야 한다. 인공지능이란 결국 데이터 활용이고, 이를 위해 가장 먼저 해야 하는 일은 데이터 수집이기 때문이다. 그렇게 하지 못하고 지난 시간 동안 빅데이터를 광고·홍보용 키워드 정도로만 사용했거나, 데이터를 가지고 직접적인 수익부터 창출하려는 엉뚱한 시도를 했거나, 강 건너 불구경하듯 지켜만 보고 있던 기업은 출발부터 뒤처졌다. 그런 기업은 지금이라도 빨리 데이터 수집부터 서둘러야 할 것이다. 데이터도 저장해놓지 않고 인공지능이니 머신러닝이니 논하는 것은 앞뒤가 맞지 않는 일이다.

4단계
본격적 데이터 활용 및 성숙

1~3단계를 거치면서 올바른 방향으로 나아가고 있다면, 본격적으로 데이터를 활용하는 단계로 넘어간다. 데이터 활용에 대한 상향식 인사이트 발굴을 기반으로, 과감하게 새로운 시도를 추진하는 하향식 시도가 적절하게 합쳐져야 한다. 한 건, 두 건 데이터를 통해 중요한 업무 프로세스가 변경되고 효율이 높아진다. 매출이 증가하고, 비용이 감소한다. 3~4퍼센트 증가에 만족하던 일이 갑자기 300~400퍼센트로 증가하기도 하는 등 전에 없던 놀라운 경험들을 하게 된다.

데이터는 그 데이터가 생산된 기존 사업을 개선하고 혁신하는

데 활용된다. 오랫동안 가지고 있던 만성적인 문제가 해결되고, 생각지도 못했던 곳에서 가치를 발견하기도 한다. 이런 과정을 통해 점점 조직 내에 진정한 데이터 활용이 확산되고 점점 더 활발해진다. 데이터를 기반으로 만든 새로운 방법으로 기존의 업무 체계가 완전히 변형되기도 한다.

데이터 활용은 각 영역과 조직 간의 경계를 넘나들며 활발하게 진행된다. 데이터를 매개로 조직 간 협업이 활발해진다. 기존의 경직된 구조 안에서 당연하게 생각했던 것들이 발전적으로 파괴된다.

특정 개인의 판단이 아니라 사실과 합리적인 예측을 기반으로 경영 활동이 이뤄진다. 많은 일을 측정과 실험을 기반으로 하게 된다. 한 번 내려진 결정과 지시라는 이유로 무조건 끝까지 가는 것이 아니라, 상시적 측정과 분석을 통해 올바른 방향으로 조정하게 된다. 인간의 직관에만 의존하는 것이 아니라 직관과 데이터가 서로 균형 있게 공존한다.

특정 개인이나 부서의 이익에만 부합하는 부분 최적화가 아니라, 기업 전체의 이익에 부합하는 전체 최적화에 더 집중하게 된다. 이를 위한 조직 간 역할과 목표의 조정이 상시적 활동으로 자리 잡는다.

데이터는 가장 중요한 기업의 자산으로 취급된다. 기업 활동의 거의 모든 영역에서 데이터를 중심으로 사고하고 판단한다. 머신러닝은 기존의 데이터 활용을 완전히 다른 차원으로 변화시킨다. 이런 과정을 통해 기업 전반에 걸쳐 데이터 활용 기법, 기술, 노하우가 성숙해진다.

부작용이 있을 수도 있다. 이렇게 데이터로 성공 경험이 쌓이면 데이터에 지나치게 의존하게 될 수도 있다. 아무런 의사결정을 하지 않고 모든 것을 데이터에 의존하려 하기도 한다. 매출에 영향을 미치지 않는 별로 중요하지 않은 페이지의 버튼을 파란색으로 할지 초록색으로 할지 결정하기 위해 비용과 시간을 들여 A/B 테스트를 하기도 한다. 매사에 데이터를 기반으로 생각하고 판단하려는 자세는 좋지만, 어떻게 보면 도구에 너무 끌려가는 것일 수도 있다. 여기에는 책임을 지지 않으려는 심리가 깔려 있는데, 데이터를 적극적으로 활용하는 것과 데이터를 책임 회피용 핑곗거리로 삼는 것은 다르다.

이 4단계에서 주의해야 할 것은 조급증이다. 몇 번 시도하는 것으로 멋진 상황이 벌어질 거라는 욕심은 버려야 한다, 처음에는 실패가 많을 것이다. 몇 번의 실패나 성과 부족에 실망하거나 서로를 원망해서는 안 된다. 한 번에 성공할 수 없다. 여러 번 시도하는 과정에서 조금씩 좋은 방향으로 나아가는 것이다.

이렇게 4단계까지 와서 기존에 운영하던 사업에서 만들어지는 데이터를 바탕으로 기존 사업을 혁신하고 효율 증대를 이룬 기업은 자연스럽게 다른 선택권을 갖게 된다. 바로 신규 비즈니스로 확장할 수 있는 선택권이다.

5단계
비즈니스 확장 및 신규 비즈니스 개발

데이터만 있다고 해서 갑자기 완전히 새로운 분야의 사업을 시작할 수 있게 되는 것은 아니다. 기존 사업에서의 데이터 활용과 역량이 넘쳐 그동안 할 수 없었던 영역으로 자연스럽게 사업을 확장할 수 있게 되는 것이다. 전자상거래 기업 아마존Amazon이 자신들의 원래 사업인 전자상거래 사업을 잘하기 위해 만들어 쓰던 내부 운영 시스템을 외부에 공개하여 AWSAmazon Web Service라는 다른 영역의 신규 비즈니스를 만든 것과 유사하게 말이다.

기업의 데이터 활용 단계는 반드시 순서대로 갈 수밖에 없다. 아직 기존 사업에 대한 데이터 활용이 깊게 무르익지 않은 상태에서는 데이터 기반의 새로운 비즈니스 모델을 만들 수 없다. 2012년 이후 많은 대기업이 빅데이터 센터 등의 이름으로 데이터 전문 조직을 만들었다. 기대만큼 성공한 곳은 없었는데, 그 가장 큰 이유는 설립 목적부터 잘못됐기 때문이다. 그러한 조직 대부분이 부여받은 목표라는 것이 데이터 기반의 신규 사업 모델 개발 및 수익 창출이었다. 반드시 거쳐야 할 단계들을 무시하고 데이터로 새로운 사업을 만들어서 직접적인 매출부터 일으키려고 하니 실패할 수밖에 없었다. 완전히 새로운 비즈니스를 하는 것은 사업 개발과 의사결정의 영역이지 데이터의 영역이 아니다.

최고 의사결정권자부터 신입사원까지 모두가 데이터를 기반하여 일할 정도로 데이터 활용 역량이 충분히 성숙되지 않았는데, 섣불리 데이터 기반 신규 비즈니스를 만들려고 하면 안 된다. 단계에 맞지 않는 접근은 비용과 시간의 낭비일 뿐이다. 차곡차곡 내공을 쌓기에도 부족한 시간에 엉뚱한 일을 하고 있으면 경쟁자들보다 오히려 뒤처진다. 1킬로미터도 달려보지 않고 이번 주말 마라톤 대회에서 1등을 하겠다고 하면 안 된다는 말이다.

A I

9장   **현실적인 이슈**

in business

데이터 전문 조직의
구성

본격적인 데이터 활용을 하려는 기업은 데이터 전문 조직을 구성하게 된다. 그런데 데이터 전문 조직은 어떻게 구성해야 할까? 크게 분산형, 중앙집중형, 혼합형의 세 가지 방법이 있다.

첫째, 분산형은 데이터 전문가가 각 기능별 조직 단위에 있는 구성이다. 대부분의 조직에서 처음 생기는 형태이다. 보통 기업 내의 어느 특정 조직에서 먼저 데이터 분석과 활용을 시작하면서 분석가를 채용하기 때문이다. 분산형의 좋은 점은 데이터 전문가가 현업 부서의 담당자와 함께 문제 해결에 집중할 수 있고, 특정 영역에 집중하면서 해당 영역에 대한 전문성을 확보할 수 있다는 것이다.

반면 데이터 전문 인력이 흩어져 있다는 것은 단점이다. 서로 간의 시너지를 발휘할 여지가 적다. 데이터 전문 인력의 커리어도 문제인데, 이런 경우 해당 조직의 관리자로 승진할 기회는 거의 없고 분석 역량의 제공이라는 기능적 역할만 수행하기도 한다. 분산형 조직은 초기 단계에서 어느 정도 자리를 잡아갈 때까지만 한시적으로 구성하기도 하고, 장기적으로도 그런 형태가 더 적합한 경우에는 계속 그렇게 구성하기도 한다. 마케팅에 집중한다든지 생산관리에만 집중한다든지 하는 경우처럼, 특정 영역에서 장기적인 데이터 분석과 활용을 해나가는 것이다.

둘째, 중앙집중형은 조직의 데이터 전문가들을 한곳에 모아놓는 구성이다. 데이터 전문 총괄 조직을 중앙에 두고 현업 실무 부서들을 지원하는 형태이다. 중앙집중형 데이터 전문 조직은 조직도상에서 다양한 곳에 위치하곤 한다. 최고경영자 직속으로 두기도 하고, 최고운영책임자, 최고기술책임자, 최고정보책임자, 최고전략책임자 아래에 두기도 한다. 중앙집중형은 데이터 전문 인력을 필요에 따라 재배치할 수 있다는 장점이 있다. 어떤 부서의 지원 업무가 갑자기 많아졌고, 다른 부서의 지원 업무에는 조금 여유가 생겼다면 인력 배치를 새로 할 수 있다. 데이터 전문가들이 긴 시간 동안 특정 영역 안에서 비슷한 업무만 반복하는 것이 아니라 다양한 업무를 경험할 수 있다. 데이터 전문가들이 한곳에 모여 있으면서 서로 배우고 함께 역량을 성장시킬 수 있다는 것도 중요한 장점이다.

단점은 특정 분야에 높은 전문성을 가진 데이터 전문가가 나오기 어렵다는 것이다. 더 큰 문제는 회사 전체에 데이터 분석과 활용 니즈가 많아져서 중앙집중형 조직에서 다 소화할 수 없을 때 생긴다. 이럴 때는 중앙 조직을 더욱 크게 키우는 방법과 혼합형으로 바꾸는 방법 중 하나를 선택할 수 있다.

셋째, 혼합형은 분산형처럼 각 사업 실무 조직에도 데이터 전문가들이 있고, 중앙집중형처럼 중앙에 총괄 데이터 전문 집단이 동시에 있는 구조이다. 중앙 전문 조직을 CoECenter of Excellence(전문가 조직)라고도 하는데, 여기서 전사 차원의 데이터 분석과 활용을 총괄한다. 각 사업 조직에서도 나름대로 각 영역에 집중하는 전문 데이터 조직을 운영하고 스스로 업무를 통제한다. 중앙의 조직과 각 사업 영역의 조직은 공식적으로 긴밀한 관계를 가지기도 하고, 그렇지 않기도 한다.

데이터 활용의
현실

현실에서 데이터를 활용하는 실제 모습은 어떨까? 먼저 현업 조직 실무자의 데이터 활용 상황을 짚어보자. 현업 조직의 많은 실무자들은 활용할 수 있는 데이터가 어떤 것이 있는지, 어디에 있는지, 얼마나 있는지, 그 데이터를 얼마나 신뢰할 수 있는지 잘 모른다. 데이터를 사용하더라도 거의 단순한 통계 수치를 추출하는 용도로만 사용한다. 그러면서 스스로는 통계 수치를 사용하고 있기 때문에 데이터를 잘 활용하고 있다고 생각한다. 데이터를 다루는 기술과 전문 지식이 부족하기 때문에 머신러닝을 활용한 예측 분석과 같은 것은 하지 못한다. 자신의 업무와 직접적인 연관이 없는 다른 영역의 데이터는 존재조차 잘 모르고 전혀 사용하지 않으며, 사용을 해야 한다는 생각조차 가지고 있지 않다. 기업 내 각 영역의 데이터는 각각 따로 수집·저장·관리한다. 예를 들어, 생산 영역의 데이터와 마케팅 영역의 데이터는 전혀 다른 것으로 취급되어 데이터를 따로 관리한다. 영역별로 따로 움직이기 때문에 서로 시너지가 날 수 있는 데이터의 존재도 모른다. 데이터를 공유하고 연동하여 사용하지 못한다. 조직별로 알아서 데이터를 관리하기 때문에 보안과 관리가 취약하다. 개인정보보호법 등 데이터 활용에 필수적인 법무적 관리도 취약하여 법적 문제에 대한 리스크가 높다.

그렇다면, 중앙의 데이터 전문 조직의 상황은 어떨까? 앞으로 유망한 직종 순위 상위를 차지하며 부러운 눈길 속에서 일하는 데이터 사이언티스트들은 매일 행복한 일상을 보내고 있을까? 데이터 전문 조직은 현업 부서의 허락과 협조 없이는 데이터에 접근하기 어렵다. 또한 인공지능, 머신러닝 등의 효과적 적용을 위해 필요한 기존의 업무 프로세스와 관행 개선을 강제할 수 있는 권한도 없다. 오직 현업이 자신의 단기 목표에 필요하여 도움을 요청할 경우에만 협업할 수 있다. 그렇게 시작된 협업 역시 이미 정해진 현업 조직의 가정과 계획대로만 하길 요청받기 때문에 다른 더 좋은 방향으로 발전시키는 협업이 원활하게 이뤄질 가능성은 적다. 현업 조직에서 일방적으로 협업을 중단하는 경우에도 별다른 방법이 없다. 현업 조직은 자신들이 필요한 범위의 정보만 제공하기 때문에 현업의 중요한 이슈를 잘 알지 못한다. IT 인프라에 대한 권한이 없기 때문에 실무에 필요한 IT 인프라를 얻어내기 위해 불필요한 노력을 해야 한다.

이런 다양한 문제들이 있고, 앞으로 무엇을 어떻게 해야 할지도 잘 모르기 때문에 기업에서는 종종 정규 조직 구성과 별도로 데이터 위원회Data Committee 같은 것을 만들어 운영하기도 한다. 여러 부서의 사람들을 모아놓고 여기서 앞으로 어떻게 할지 논의하고 계획을 세워보자는 것이다. 그래도 뾰족한 수가 생기는 것은 아니다. 모인 사람들은 서로 다른 각자의 니즈가 있기 마련이고, 기술에 대한 이해도 부족하며, 무엇을 어떻게 해야 할지 모르는 것은 다 마찬가지이기 때문이다.

이와 같은 문제들을 한번에 해결하기는 힘들다. 명확한 정답이 있는 것도 아니다. 하지만 적극적으로 데이터 활용 경험을 축적하는 과정에서 다들 겪는 일이기에 무조건 좋지 않은 상황이라고 할 수도 없다. 다들 비슷하게 경험하고 있고, 아직 경험하지 않았다면 경험하게 될 변화의 과정인 것이다.

IT 조직의 일이
아니다

인공지능, 머신러닝, 데이터를 본격적으로 활용하려고 하는 기업이 흔히 하는 실수는 데이터 활용 주관 부서를 IT 개발 부서로 지정하거나 IT 개발 담당자에게 과제를 부여하는 것이다. 데이터라고 하면 IT 부서의 일인 것 같고, 전문적인 기술 지식이 있어야 할 것 같아서 당연하다는 듯이 IT 부서가 데이터 관련 업무를 맡게 된다.

데이터 활용에서 IT 부서의 역할은 필수적이다. 8장 '활용의 단계'에서 살펴보았듯이 데이터 수집과 저장이 없다면 아무것도 할 수 없다. 그리고, 머신러닝 등으로 가공하여 가치화된 새 데이터(예측 확률 값 등)가 기존 운영 시스템에 전달되어야 활용이 될 수 있다. 운영 시스템에서 운영된 결과가 수집·저장·관리·모니터링되어야 데이터 가치화가 제대로 된 것인지, 어떤 개선을 해야 하는지 판단할 수 있다. 모든 시스템이 다 IT 부서의 관할 하에 있고, 머신러닝이 작동할 IT 인프라까지도 그럴 것이다. 데이터 활용의 전 과정에서 IT 부서가 관여하지 않는 부분이 거의 없을 정도로 중요하기에 IT 부서는 데이터 활용에서 필수적인 역할을 담당한다.

하지만 그렇다고 해서 데이터 활용의 주도권을 IT 부서가 가지면 인공지능 활용, 데이터 드리븐 비즈니스는 진척이 잘 되지 않는다. 그동안 살펴봤듯이 데이터 드리븐 비즈니스에는 전사적으로 자기 파괴적이고 적극적인 변화 추진이 필요하다. 그런데 IT 부서는 기본적으로 시스템을 개발하고 운영하는 조직이다. 이런 일의 추진과 IT 부서는 거리가 있다. 만약 IT 부서가 데이터 관련 일을 맡게 되면 대부분의 경우 새로운 시스템의 개발 프로젝트가 되기 마련이다. 예컨대 새로운 데이터 저장·분석 시스템의 도입, 또는 기존 시스템의 업그레이드 위주로 업무가 흘러갈 수밖에 없다. 그렇다고 해서 이것이 IT 부서의 잘못은 아니다. 회계 부서가 회계 업무를 하는 것과 같이 자신의 일을 하는 것이니 말이다. 그러니 데이터 활용은 IT 부서가 아닌 조직 윗선과 현업 실무에서 주도해야 한다.

얼핏 비슷해 보이는 IT 담당자와 데이터 담당자지만 이 직군들이 추구하는 방향과 성격은 매우 다르다. 기업에서 IT의 역할은 각종 IT 시스템의 구축과 운영인데 이때 가장 중요한 가치는 안정성이다. 증권 거래 시스템의 안정성이 떨어져서 주문이 안 된다면? 시스템 장애로 포털 사이트가 온종일 폐쇄된다면? 쇼핑 사이트에서 결제 시스템이 고장이라면? 그래서 IT는 안정을 최고의 가치로 삼는다. 다른 모든 것은 안정성 이후의 얘기다. 문제가 생겼을 경우 다른 조직이 대신 책임을 지지도 않기 때문에 안정에 최우선 가치를 둘 수밖에 없다.

반면, 데이터 조직의 역할은 그 전에는 알지 못했던 어떤 것을 찾고, 없던 것을 만들어서 기업을 변화시키는 것이다. 이때 가장 중요한 가치는 '변화'이다. 데이터 조직에서 몇 년이 지나도록 상시적이고 반복적인 통계 분석만 하고 있다면? 별로 필요가 없거나 이미 다 알고 있는 사실을 분석해서 의미 없는 리포트만 만들고 있다면? 데이터로 뭘 한다고 하는데 예전과 비교해서 달라진 것이 아무것도 없다면? 그래서 데이터는 변화가 최고의 가치다.

안정과 변화. IT와 데이터 부서가 이렇게 상반된 가치를 추구하는 집단이다 보니 서로를 인식하는 것도 다를 수밖에 없다. IT 담당자 입장에서 데이터 담당자란 뭐가 중요한지도 모르면서 천방지축으로 날뛰는 어린아이와 비슷하다. 이상하게 복잡한 쿼리를 멋대로 만들어서 시스템에 부담을 주는 존재, 무슨 머신러닝을 돌린다면서 시스템

자원이나 축내는 존재, 필수적으로 지켜야 할 시스템 사용 가이드를 중요하게 생각하지 않는 존재, 끊임없이 이런저런 데이터를 달라고 요구하는 존재, 너무 커서 샘플 데이터를 주겠다고 하면 무조건 전체 데이터가 필요하다고 우기는 존재, 아무 사정도 모르면서 귀찮게만 하는 존재. 이것이 IT 담당자가 데이터 분석 담당자를 바라보는 시각이다

반대로, 데이터 담당자 입장에서 보는 IT 담당자는 뭐가 중요한지도 모르면서 앞뒤 꽉 막힌 변화의 방해자, 데이터 신기술을 잘 알지도 못하면서 뒷방 영감 같은 소리만 하는 뒤떨어진 존재, 새로운 것들을 도입하여 변화를 이끌지는 못할망정 기존 환경만 계속 유지하려는 수구 세력, 그러면서도 그들의 도움이 필요는 하기 때문에 어쩔 수 없이 속으로만 불만을 키워가는 대상. 이것이 데이터 분석 담당자들이 IT 담당자들을 바라보는 시각이다.

차이를 강조하기 위해 실제보다 아주 많이 과장했지만, IT 조직과 데이터 조직은 이렇게 다르다. 어떤 부분은 분리가 불가능할 정도로 연계되어 있으면서, 동시에 어떤 부분은 서로 매우 상치한다. 여기서 IT와 데이터 담당자 그 누구도 잘못하지 않았다. 각자 자신에게 주어진 임무를 최선을 다해 열심히 하고 있는 것이다.

이런 대립 없이 모든 것이 조화를 이룰 수 있는 해결책이 있는가? 아쉽지만 완벽한 해결책은 없는 것 같다. 다행히 이것은 무엇인가를 잘못하고 있는 기업에서만 나타나는 현상이 아니다. 전 세계 모든 기업이 비슷하게 안고 있는 문제다. 그런 대립은 언제나 존재했고 앞

으로도 그럴 것이다. 경우에 따라서는 그 갈등이 보통의 상황보다 일시적으로 더 커지는 것이 바람직한 경우도 있다. 그러니 이런 대립을 문제라고 인식하는 것보다는 관리의 대상으로 인식해야 한다. 갈등은 없애는 것을 목표로 하면 달성하기 힘들다. 적절한 수준으로 관리하는 것이 바람직할 것이다. 즉 이러한 IT와 데이터 직종 간의 차이점과 특성을 이해하고, 바람직한 협력 구조를 만들고, 갈등을 적절히 관리해야 한다는 것이다.

또한 IT와 데이터 담당자들은 서로의 차이를 이해해야 한다. 그것만으로도 대부분의 갈등이 해소된다. 어떤 측면에서는 그렇게 서로 이해하는 것이 갈등 관리가 도달할 수 있는 최대 범위일지도 모른다.

조직별 역할과 책임 그리고 핵심목표를 잘 조정했는데도 불구하고 남아 있는 문제들이 있다면 그것은 어쩔 수 없다. 문제 자체에 집중하기보다는 그냥 안고 앞으로 나아가야 한다. 그냥 진행하면서 자연스럽게 해결되는 문제도 있고, 다음 단계로 넘어가며 별로 의미가 없어지는 문제도 있을 것이다. 밀고 나가는 힘이 문제를 문제가 아니게 해줄 것이다.

데이터 관련
직종

데이터 활용과 관련된 직종 안에도 여러 유형이 있다. 그게 그거 아니냐고 하기에는 그 역할이 매우 다르고, 단순히 데이터 전문가라고 통칭해서 부르기에는 많이 분화된 별도의 직종이다.

● 데이터 사이언티스트Data Scientist

데이터 분석가. 보통 데이터 사이언티스트라고 불리는 이들은 단순한 리포팅 중심 분석 업무가 아니라 원시 데이터를 직접 다루며, 코딩도 하고, 머신러닝 기반의 예측 모델링 같은 고급 분석을 하는 사람을 의미하는 경향이 있다. 몇 년 전에 빅데이터의 유행과 함께 대중적으로 널리 알려지게 될 때의 데이터 사이언티스트는 참으로 다양한 분야를 동시에 알아야 하는 직종처럼 소개됐다. 당시의 정의에 따르면 데이터 사이언티스트는 데이터 엔지니어링, 통계, 머신러닝, 시각화 등을 다 알아야 하고 데이터 전문가가 아닌 사람들에게 커뮤니케이션도 잘 해야 한다고 했다. 이런 분야 전체를 조금씩 얕게 아는 사람이 없는 것은 아니지만, 분야별로 전문화가 많이 진전되어서 이 모든 분야를 다 잘 아는 사람은 없다.

이는 1990년대 후반의 웹마스터와 유사한데 당시의 웹마스터는 웹 기획자, 웹 개발자, 웹 디자이너, 웹사이트 운영자, 웹커뮤니티 관리자, 웹

마케터 등을 모두 포괄하는 단어였다. 웹의 발전에 따라 2000년대로 넘어가면서 웹마스터라는 말은 잘 쓰지 않게 되었고 각각의 전문 분야로 직종이 세분화되었다. 데이터 사이언티스트도 마찬가지다. 불과 3~4년 전까지만 해도 하둡 전문가가 스스로를 데이터 사이언티스트라고 부르기도 했는데, 이제 그런 경우는 데이터 엔지니어라고 한다.

보통 데이터 사이언티스트는 데이터를 직접 다룰 수 있고 통계와 머신러닝 등의 광범위한 분석 분야를 아우르며, 프로그래밍 능력도 어느 정도 있어야 한다. 반드시 그런 것은 아니지만 특정 BI 솔루션에 종속되어 정형 데이터 분석만 가능한 분석가는 데이터 사이언티스트라고 부르지 않는 경향도 있다.

데이터 사이언티스트에게 데이터 관련 전문 기술 역량은 필수적이지만, 훌륭한 데이터 사이언티스트에게는 다른 요소가 더 필요하다. 바로 창의성이다. 보통은 데이터 분석이라고 하면 수학, 통계, 컴퓨터 같은 것이 떠오르고 그러면 데이터 분석 업무가 무언가 딱딱한 일이고, 깔끔하게 딱 떨어지는 명확한 사고가 중요한 일이라고 생각할 수 있다. 그런데 실제로 분석에서 가장 중요한 덕목은 유연한 사고와 창의성이다. 기술과 이론이 도구라면, 그 도구를 통해 실제로 해야 하는 것은 아이디어와 새로운 관점을 발굴하는 것이기 때문이다. 그래서 경직되지 않은 유연한 사고가 필수적이다. 꼭 그런 것은 아니지만 어떤 한 분야만 깊게 전공한 사람보다는 통계, 컴퓨터, 경영, 사회, 인문, 예술 등의 서로 다른 분야를 복수로 경험한 사람들이 창의적인 접근을 잘

하는 경향이 있다.

데이터 사이언티스트는 상황에 따라 중앙에 있을 수도 있고, 각 사업 조직 안에 있을 수도 있다. 그런데 그들은 다른 데이터 사이언티스트들과 함께할 때 훨씬 더 좋은 성과를 내곤 한다. 따라서 데이터 사이언티스트의 수가 많지 않다면(현재 한국의 상황이 그러하다), 소수의 데이터 사이언티스트를 각 부서에 흩어놓는 것보다는 한곳에 모아 조직하는 것이 바람직하다.

● 현업 데이터 분석가 Citizen Data Scientist

보통은 매출 분석이나 회원 증가 추이 분석과 같은 일상적인 분석과 머신러닝 기반의 예측 모델링 같은 고급 분석이 많이 다르다고 생각한다. 물론 지금으로서는 대용량 데이터에 직접 접근한다거나, 고급 통계 기법을 쓴다거나, 머신러닝을 사용하는 것이 고급 분석이다. 그런데 점점 일상적인 분석과 고급 분석의 경계가 없어질 것이다. 미국의 유명 IT 조사 업체 가트너는 2015년에 '시티즌citizen 데이터 사이언티스트'라는 용어를 통해 고급 데이터 분석의 대중화를 이야기했다. 전문적인 데이터 지식이 없는 보통 사람으로서 현업 조직에 속해서 고급 데이터 분석을 하는 사람이 많아진다는 의미다. 지금은 전문 지식과 기술이 없다면 하둡과 같은 대용량 분산 저장 시스템에 접근하기 어렵고, 머신러닝 알고리즘을 쉽게 적용하기도 어렵다. 하지만 계속 편리하게 발전할 데이터 활용 도구를 통해 일반 대중도 지금의 기준으로는 고급 분석이라고 할 수 있는 것들을 마치 엑셀을 다루듯이 쉽게 할 수 있게 될 것이다. 기존에 사업 조직에서 사업 운영에 필요한 분석 리포트를 만들던 담당자들이 시티즌 데이터 사이언티스트로 발전하는 경우가 많아질 것이다.

● 데이터 기획자 Data Businessperson

데이터 사업가라고도 한다. 데이터 기획자는 프로젝트 관리 역할을 하면서 데이터 사이언티스트팀을 이끌어나간다. 기술보다는 경영에 주안점을 두고, 전반적인 방향 설정을 하고 밑그림을 그린다. 동시에 상당 수준의 전문 기술 지식도 가진다. 데이터 기술이 실제로 성과로 이어지기 위해서는 데이터 기획자의 역할이 대단히 중요하다. 경영과 기술 양쪽의 역량을 일정 수준 이상으로 동시에 가지면서 인공지능, 머신러닝과 같은 기술을 사업에 접목하여 실제 성과로 만들어내는 일을 추진하고 관리한다. 매우 중요한 직종임에도 한국에서는 역할의 존재와 중요성에 대한 이해가 많이 부족하다. 무엇보다 큰 문제는 데이터 기획자 인력이 너무 부족하다는 것이다. 고급 분석을 할 수 있는 데이터 사이언티스트도 인력난이 심각하지만, 데이터 기획자는 그보다 훨씬 더 부족하다. 데이터 기획자 양성은 반드시 필요한 매우 중요한 일이다.

● 데이터 엔지니어Data Engineer

데이터 개발자라고도 한다. 보통 데이터를 수집하고 저장하고 관리하는 등의 기술적 부분에 더 초점을 둔다. 조직에서 주로 맡은 역할은 데이터를 수집하고 데이터 관련 시스템을 개발하고 체계화하는 일이다. 데이터 분석 결과를 직접 도출하는 역할보다는 그 기반을 제공하는 역할을 담당한다. 프로그래밍 역량이 중요하다. 기존에 IT 개발 업무, 특히 서버 개발을 하던 개발자가 자연스럽게 데이터 엔지니어가 되는 경우가 많다.

● 데이터 스튜어드Data Steward

각 사업 부서에 존재하는 데이터 관리자이다. 비즈니스 관점에서 데이터 생성·가공·활용 등 단계별 데이터 관리를 한다. 데이터 스튜어드는 비즈니스적, 기술적 지식과 경험을 기반으로 각 조직별로 해당 영역과 관련한 데이터에 대한 총괄 책임 역할을 가진다. 예를 들어, '제품 생산과 관련된 데이터는 어떤 것이 있고 어디에 어떻게 저장되고 있는가?'라는 질문이 있다면, 바로 생산 영역의 데이터 스튜어드가 그 질문에 답을 할 사람이다.

규모가 큰 기업에서 데이터의 적극적 활용이 좀 더 본격화되면 위 직종들이 비즈니스 리더, 트랜슬레이터Tanslator, 시각화 분석가, 워크플로우Workflow 조정자, 딜리버리Delivery 매니저 등으로 더 세분화되기도 한다.

　참고로, 시작은 데이터 기획자와 데이터 엔지니어가 먼저 협업하며 데이터를 파악하고 수집부터 해야 한다. 이 과정에서 데이터 스튜어드가 자연스럽게 생기게 된다. 흔히들 '이 사람들만 있으면 다 해결될 것'이라고 생각하는 데이터 사이언티스트는 그렇게 데이터 저장이 된 이후에야 제대로 활약할 수 있다.

데이터 전문가
채용과 취업

인공지능, 머신러닝, 데이터 활용의 가장 큰 문제는 관련 전문 인력이 부족하다는 것이다. 절대적인 인력 자체가 너무 부족하다. 그리고 어떤 사람을 채용해야 할지도 알기 어렵다. 경력직 채용을 위해 데이터 전문가 모집 공고를 내면 이런저런 이력서가 들어온다. 특정 데이터 분석 솔루션에 종속되어 그 솔루션을 사용한 리포트 생산만 할 수 있고, 정작 실제 데이터는 다룰 능력이 없는 사람도 스스로를 데이터 사이언티스트라고 한다. 그때그때 요건에 따른 시장 동향 분석과 같은 비즈니스 분석 업무를 했던 사람도 데이터를 써서 그런 분석을 했으니 자신을 데이터 분석가라고 하기도 한다. 데이터베이스, 하둡 등의 데이터 엔지니어링 업무를 하던 사람도 자신이 데이터 전문가이니 채용해달라고 한다. 각자의 입장에서 틀린 말은 아니겠지만, 기업 입장에서는 지원자들이 정말로 어떤 역량을 가지고 있는 사람인지, 누가 우리 회사에 적합한 사람인지 알기 어렵다.

어떻게 시작해야 할까? 미국과 같이 이 분야에서 앞서가고 있는 나라는 이런 경우에 데이터 전문 조직을 구성할 사람부터 먼저 채용하라고 한다. 현재의 상황을 잘 판단해서 적합한 구인 활동을 하고, 다른 사람의 역량을 알 수 있어서 누구를 뽑을지 알아볼 수 있는 사람 말이다. 옳은 말이다. 만약 그럴 수 있다면 그렇게 하는 것이 최선이다. 문제는 그런 사람은 또 어디서 구하냐는 것이다. 그런 역할을 할 수 있는 시니어 데이터 기획자나 시니어 데이터 사이언티스트는 더 부족하다.

차선책으로, 시행착오가 있더라도 내부에서 시작하는 수밖에 없다. 누군가에게 조직 구성 역할을 부여해야 한다. 그리고 지금 가장 필요한 역량이 무엇인지 판단해야 한다. 머신러닝 등의 고급 데이터 분석을 할 데이터 사이언티스트가 필요한 것인지, 당장 현업에 산적한 데이터 분석을 해야 할 현업 데이터 분석가가 먼저 필요한 것인지, 밑그림을 그리고 조직을 구성하고 전체적인 진행과 PM을 할 데이터 기획자가 필요한 것인지, 데이터 수집·저장·관리를 할 데이터 엔지니어가 필요한 것인지 등을 정해야 한다. 일반적으로 먼저 필요한 역량은 데이터 기획과 엔지니어인데, 보통은 잘 모르니 무조건 데이터 사이언티스트부터 우선 채용하려고 한다. 적당한 사람이 없으니 낮은 연차의 데이터 사이언티스트를 겨우 채용한 이후에 그 사람에게 이것저것 다 요구하는 경우도 많은데, 그래서는 일이 잘 진행되지 않을 것이다.

데이터 분석 경력자를 채용할 때는 이력서와 자기소개서 및 일반적인 면접만으로 결정하지 말고, 자신이 했던 일을 구체적으로 준비해서 발표하게 하는 프레젠테이션 면접이 좋다. 발표를 통해 지원자가 어떤 일을 했고 어떤 역량을 가졌는지 자세하게 얘기하게 하면, 설사 구인자와 지원자 모두가 오해가 있었던 경우에도 그런 과정을 통해 서로 더 잘 이해할 수 있고 적합한 매칭이 가능해진다. 데이터 엔지니어링 분야는 기존의 개발자 채용 방식이 좋다면 비슷하게 유지하면서 상황에 맞추어 약간의 변형만 하는 방법도 좋겠다.

대학이나 대학원을 졸업한 신입 인력은 어떨까? 좋은 대안이다. 이 분야는 기초과학이나 인문학에 비해 역사가 짧고, 지금 한창 새로운 기술이 쏟아지며 체계가 만들어지고 있는 분야다. 그래서 풍부한 경험을 가진 경력자가 원래 없다. '머신러닝 실무 적용 20년 차 경력자' 같은 사람은 없다는 말이다. 이 분야에서는 신기술을 빠르게 파악하고 응용해서 실무에 적용하는 것이 관건이다. 지난주에 막 나온 딥러닝 튜닝 기법은 30년 동안 컴퓨터공학을 전공한 전문가와 이제 막 학부를 졸업한 사람 모두에게 똑같이 지난주에 나온 기법일 뿐이다. 그러므로 데이터 분석 분야에 오래 있었다고 해서 반드시 높은 생산성을 보장하지는 않는다. 기술을 실무와 접목하고 비즈니스적 가치를 만들어낼 수 있느냐 하는 문제에서 무조건 경력자가 꼭 우위에 있다고는

할 수 없다. 뛰어난 학습 능력과 열정을 가진 훌륭한 청년들을 채용하는 것도 좋은 방법이다.

데이터 사이언티스트로 어떤 사람을 뽑아야 할까? 기본적으로 다음과 같은 역량은 가지고 있어야 한다.

- 통계 지식
- 도구 스킬: R, SPSS, SAS, Stata 등
- 데이터 핸들링 능력: 데이터베이스에 대한 이해, SQL
- 프로그래밍 능력: Python, JAVA, C 등
- 기본적인 IT 지식

대학 전공으로 말하자면 어디가 좋을까? 최근에 이 분야에서 가장 두각을 나타내는 사람들은 산업공학 전공자들이다. 컴퓨터공학, 통계학, 경영학 등을 다 아우르는 산업공학의 커리큘럼이 데이터를 직접 다루며 데이터를 분석하고 프로그래밍도 하고 현업과 협업하며 과제도 발굴해야 하는 데이터 사이언티스트를 배출하는 데 가장 적합하기 때문이다. 또한 전통적으로 기업에서 데이터 관련 인력을 채용할 때 선호하는 통계학 전공자도 여전히 강한 경쟁력이 있다. 데이터 분석이 기본적으로 통계학을 근간으로 하기에 앞으로 계속 그럴 것이다. 최근에는 통계학 전공자들이 프로그래밍 공부도 많이 한다. 아직 국내 대학의 커리큘럼이 충분히 소화를 못 하니 스스로 알아서 파이썬 등을

공부하는데 이는 아주 바람직한 일이다. 물론 컴퓨터공학 전공자들도 많다. 컴퓨터 프로그래밍 역량을 근간으로 데이터 분석 역량을 더하는 것도 좋다.

그렇다면 데이터 사이언티스트가 되기 위해서는 꼭 산업공학, 통계학, 컴퓨터공학을 전공해야만 하나? 전혀 그렇지 않다. 경영학, 사회학 등의 인문사회 분야를 졸업한 뛰어난 데이터 사이언티스트들도 많다. 핵심은 학교에서 무엇을 전공했느냐가 아니다. 그리고 현장에서는 학부 졸업생과 석박사들의 성과 차이가 뚜렷하게 큰 것도 아니다. 통계 등의 관련 지식과 실제로 데이터를 다룰 수 있는 SQL 등의 역량을 가지고 있느냐가 중요하다. 가장 중요한 것은 뛰어난 학습 능력과 일에 대한 적극적인 태도이다. 지금 이 분야의 인재가 너무 부족하고, 앞으로의 수요는 더욱 늘어날 것이다. 적극적인 관심을 갖고 이 분야에 뛰어드는 사람들이 많아졌으면 좋겠다.

혹시 채용이 아니라 다른 일을 하던 기존 직원의 전환은 어떨까? 아주 좋은 방법이다. 현장의 상황을 잘 아는 도메인 전문가가 그 경험을 바탕으로 데이터 사이언티스트로 전환할 수 있다면 정말 바람직한 일이다. 회사에서 충분한 기회를 주고 본인이 열심히 공부할 수 있다면 최고의 방법이 될 수 있다.

머신러닝 운영의
새로운 문제들

머신러닝의 운영은 상시 운영 시스템에 머신러닝을 실제로 적용하고 운영하고 관리해본 경험이 충분하지 않다면 생각하기 어려운 부분이다. 아직 인공지능, 머신러닝 관련 뉴스에는 잘 나오지 않는 얘기이고 이런 얘기를 다루는 책도 없다. 머신러닝조차도 생소하고 아직 실무에 적용해보지 않았다면 그 이후의 운영 관리에 대한 문제는 논할 단계가 아니고 크게 관심도 없을 것이다. 하지만 머신러닝을 몇 번만 실제로 운영해보면 만나게 되는 문제들이 있다. 그리고 그런 문제들을 잘 처리해가는 것이 처음에 머신러닝 알고리즘을 만드는 것 못지않게 중요하다.

일반적으로 IT 시스템에서는 서로 독립된 공간들이 있다. 무언가 새로 개발되어 적용되려면 일정한 규칙에 따라 각각의 공간을 단계적으로 밟아 올라가야 한다.

- 개발자의 로컬 공간 → 소스 저장 공간 → 개발 서버 → 테스트 서버 → 스테이징 서버 → 운영 서버

이보다 더 많은 단계가 있기도 하고, 상황에 따라 중간 단계 몇 개가 빠지기도 한다. 하지만 아무리 줄여도 '개발 서버 → 운영 서버'

구조보다 더 작게는 줄일 수 없다. 실제 운영 중인 서버를 이리저리 수정했다가는 큰 문제가 생기기 때문이다. 반드시 개발 서버에서 개발을 하고 테스트를 해보고 적용하는 단계를 거칠 수밖에 없다. 이렇게 개발 서버와 운영 서버를 분리함으로써 얻는 이점이 분명하기 때문에 이런 서버 분리 체계는 일반화되어 있다.

그런데 머신러닝 운영, 특히 대형 시스템에서 대용량 데이터를 사용하는 머신러닝 운영에서는 이 당연한 개발과 운영의 분리가 마냥 쉽지만은 않다. 왜 그럴까? 머신러닝은 일부 샘플 데이터나 통계화된 데이터가 아니라 원래의 모습 그대로의 전체 데이터를 사용해야 더 효과적이다. 지금 개발을 하고 있든, 테스트를 하고 있든, 실제 운영을 하고 있든 모두 전체 데이터가 필요하다는 것이 문제의 원인이다.

예를 들어 머신러닝 기반 타게팅 및 개인화 파일럿을 해봤더니 효과가 좋았다. 그래서 이를 상시화하려고 했다. 운영 시스템에서 머신러닝을 돌리면 서버 부하가 심해지니, 별도의 머신러닝 전용 서버를 구성하여 운영 서버의 모든 데이터를 다 복사해 옮겼다. 한 번만 옮기는 것이 아니라 서로 연동시켜 신규고객 가입을 비롯한 운영 서버의 모든 데이터 변화를 계속 머신러닝 서버에 반영하고 있다. 머신러닝 서버에서 매일 머신러닝 알고리즘을 돌려 예측 확률값을 구한 후에, 그 확률값을 운영 서버에 전달한다. 운영 서버는 받은 확률값을 바탕으로 개인화 화면, 개인화 이메일, 개인화 문자 메시지 등의 후속 작업을 한다.

이렇게 수개월 동안 잘 운영하고 있었는데 알고리즘을 수정할 일이 생겼다. 알고리즘을 수정할 일은 많다. 더 좋은 예측 성능을 위해 알고리즘을 업그레이드하려 하거나, 다른 데이터 세트를 추가하거나, 새로 나온 다른 알고리즘을 적용해서 실험해보거나 하는 등의 여러 일들이 있기 마련이다. 그래서 이제 알고리즘을 수정하려고 한다. 그럼 현재의 머신러닝 서버에서 수정을 하면 되나? 만약 그렇게 했다가 수정이 잘못된다면? 그냥 시험 삼아 한번 해봤다가 코드가 다 망가져서 다시 돌이킬 수 없게 된다면? 제시간에 운영 서버로 확률값을 전달하지 못하면 운영 서버 쪽에서 순차적으로 자동 처리할 개인화 화면 구성 등에 다 문제가 생기게 된다.

그렇다면 어떻게 하지? 이제 와서 가만히 생각해보니, 머신러닝 운영 관점에서 보면 지금의 머신러닝 서버가 곧 운영 서버였다는 것을 깨닫게 된다. 그러니 이것도 이제 개발 서버를 분리해야겠다고 생각한다. 어떻게 분리하나? 똑같이 한 벌을 더 만들어야 한다. 여기서 중요한 것은 이제 새로 만들려고 하는 머신러닝 개발 서버도 기존의 원래 운영 서버 및 머신러닝 운영 서버와 마찬가지로 전체의 모든 데이터를 똑같이 다 가지고 있어야 한다는 것이다. 그래야 머신러닝을 돌려볼 수 있고, 그래야 어느 쪽의 성능이 좋은지 비교도 할 수 있다. 그럼 이제 전체 데이터가 다 들어 있는 서버군이 3개인데 과연 이게 맞는 구성인가?

만약 고객 수천 명 수준의 패션 쇼핑몰이 아니고, 고객 수백만

명 수준의 금융 회사라면? 고객 수천만 명 수준의 이동통신 회사라면? 고객 수십억 명 수준의 글로벌 회사라면? 그런 대규모 회사라면 처음에 머신러닝 전용 서버를 구축하는 데에만 매우 큰 비용이 들어갔을 텐데 머신러닝 개발 서버를 위해 이걸 한 벌 더 만들라고? 도대체 머신러닝의 개발과 운영의 분리는 어떻게 해야 하는가? 머신러닝을 본격적으로 쓰면 바로 이런 데이터 세트 및 서버군 구성에 대한 문제와 만나게 된다. 실제로 운영을 해보면 이 외에도 문제가 많다. 가령 이런 것들이다.

　　머신러닝 알고리즘을 개발하고 운영하는 일에서 어디까지가 데이터 사이언티스트의 영역이고 어디서부터가 데이터 엔지니어의 영역인가? 알고리즘을 만들어 운영하는 것도 모두 데이터 사이언티스트가 해야 하나? 아니면 알고리즘을 만드는 것까지만 데이터 사이언티스트가 하고 그 알고리즘을 받아서 파악하고 분석하여 운영에 적합하도록 최적화하고 운영에 적용하는 것은 데이터 엔지니어가 해야 하나? 이런 역할 분리는 과연 가능한 것인가? 현업에서 또 다른 요건이 나오면 빨리 알고리즘을 수정하고 적용해야 하는데, 여러 사람과 단계를 거치면 느리고 비효율적이지 않을까? 현업과 좀 더 가까운 데이터 사이언티스트들이 언제나 자유롭게 코드를 수정하고 바로 운영에 적용되도록 하는 것이 맞나? 그러다가 데이터 사이언티스트가 실수를 한다면? 데이터 사이언티스트가 운영 서버에 바로 접근하도록 했다가 다른 문제가 생긴다면? 시스템 안정성은? 전반적인 플로우 관리는?

보안 관리는? 소스 형상 관리는? 테스트 체계는? 버그 트래킹은? 모니
터링 구조는?

기본적으로 전체 데이터를 가지고 엄청나게 많은 계산량을 동
반하는 머신러닝 운영은 기존 체계가 소화하기 힘든 요소들이 있다.
특히 시스템 안정성 문제와 같은 것은 기존의 일반적인 IT 상식과 어
긋나기도 한다. 그래서 머신러닝 활용 수준이 초기의 도입 단계를 넘
어 본격적인 일상 운영 적용 단계로 넘어가면 기존 IT 시스템의 규칙
과 계속 충돌이 발생하기 마련이다. 여러 부분에서 혼란이 생기고 리
스크가 증가한다. 7장 '일하는 방식의 변화'에서 언급했듯이 그래서
실패, 시행착오, 갈등은 좋은 것이다. 기존의 상식, 체계, 방법과 출동
한다는 것은 인공지능을 올바른 방향으로 활용하고 있다는 증거일 수
도 있다.

앞에서 언급한 여러 모호한 문제들에 대한 해결책이 계속 나오
고 있긴 하다. 데이터 세트 및 서버 구성의 경우에는 운영 서버에 하나
의 데이터 세트를 놓고, 나머지 머신러닝용 데이터 세트 하나만 더 구
성한 후에, 권한 제어 등을 통해 이 하나로 머신러닝을 위한 운영·개발
·테스트를 다 소화하는 방법 등이 있다.

그럼에도 앞에서 언급한 여러 문제들에 대해 모두가 만족할 수
있는 완벽한 방법이 있는 것은 아니다. 그리고 아직 모든 문제가 다 도
출되지도 않았을 것이다. 전 세계 수많은 기업들이 시행착오를 거치며
문제들을 만나고 또 열심히 해결책과 체계를 만들어가고 있다. 그런데

이런 시행착오와 경험들은 그냥 남이 전하는 말로는 잘 와 닿지 않고 진정한 역량으로 쌓이지도 않는다. 어렵게 얻은 노하우를 쉽게 남에게 알려주지도 않을 것이다. 사소한 것이라도 직접 경험을 해봐야 자신의 역량으로 남는다. 하루빨리 다양한 시도를 통해 고민거리들을 직접 대면해야 한다. 인공지능의 시대에 인간이 해야 할 일이 아주 많다. 실질적인 고민과 시도 속에서 하루하루 인공지능 경쟁력을 높여가야 한다.

A   I

10장   **데이터 분석**

in business

데이터 분석이
뒤처진 이유

이 책은 주로 머신러닝을 중심으로 인공지능을 활용하는 데 대한 얘기를 하고 있다. 그래서 데이터 분석 역시 인간의 역할보다는 컴퓨터의 역할이 커져서 효율성이 더 높아지길 바라고, 인간은 어떤 분석을 어떤 목적으로 할지 결정하는 유효성에 더 집중하기를 바란다. 장기적으로는 그렇게 될 것이다.

그러나 현재 우리의 기업 현실상 하루아침에 모든 것이 뒤바뀔 수는 없을 것이다. 머신러닝을 통한 데이터 분석은 고사하고, 기존 방식의 기본적인 데이터 분석과 활용조차 제대로 하지 못하는 기업이 너무 많기 때문이다. IT와 거리가 먼 분야의 기업 또는 규모가 작은 기업만 데이터 분석을 잘 못하는 것이 아니다. 이름만 대면 누구나 아는 큰 규모의 대기업들도 많은 의사결정과 업무가 데이터와 상관없이 이뤄진다. 데이터 분석을 한다고 해도 조금만 자세히 뜯어보면 통계적 오류로 가득 차 있는 경우도 많다. 우리의 데이터 분석 역량이 전반적으로 높지 않은 것이다.

여기에는 근본적인 이유가 있다. 우리는 산업 근대화 이후 수십 년간 고성장을 이뤄왔다. 고성장 시대에 매년 높은 비율로 성장할 때는 빠른 의사결정으로 과감하게 투자하고, 밤새워 열심히 일해서 생산량을 늘리고, 많이 팔아 매출을 키우는 것이 맞는 전략이었다. 이렇게 정신없이 달리며 크게 성장할 때는 세세한 분석의 중요성을 크게 느끼지 못하게 마련이다. 짧은 시간 동안 빠르게 성장한 한국 기업들의 데이터 문화와 긴 시간 동안 점진적 성장을 해온 선진국 기업들의 데이터 문화가 다른 것은 당연하다.

이처럼 아직 현실에선 인공지능이나 머신러닝보다는 기본적인 데이터 분석과 데이터 기반 사고가 더 급한 경우가 많다. 그런 상황에 있는 사람들을 위해 여기서는 일반적인 데이터 분석에 대해 이야기하고자 한다.

모호한
데이터 분석

누구나 데이터 분석이 무엇인지 알고 있다고 생각한다. 그런데 과연 데이터 분석이라고 말하고 들을 때 모두 같은 개념을 떠올릴까? 현실은 그렇지 않기 때문에 여러 커뮤니케이션 오류가 발생한다. 분석은 나눌 분分 자와 쪼갤 석析 자로 이루어져 있는 한자어이다. 두 글자가 모두 나눈다는 뜻을 가지고 있기에 분석이란 말 그 자체는 '나누는 것'이라고 볼 수 있다. 그런데 기업 현장에서는 물론 실생활에서도 분석은 본래의 뜻대로 '나누어 본다'는 의미보다는 '자세히 살펴본다'는 의미로 더 많이 쓰인다. 예를 들면, '매출을 분석했다'라고 할 때, 매출 데이터를 나누어 본다는 의미도 있지만, 보통은 매출 관련 상황을 이리저리 살펴봤다는 의미로 통용된다.

분석은 상황에 따라 의미를 달리할 때가 많다. '분기 매출 현황 분석'과 '계절과 셔츠 매출액 관계 분석'에서의 분석은 같은 의미가 아니다. 아마도 '매출 현황 분석'의 분석은 매출 현황을 수치나 도표 등으로 표현하는 것을 의미할 것이고, '계절과 상품의 관계 분석'의 분석은 특정 계절과 상품 간의 상관관계나 인과관계가 있는지 확인해보고 그 원인을 알아보는 일을 의미할 것이다.

데이터 분석은 많은 것을 내포하고 있다. 어떤 것을 이해하기 위한 분석도 있고, 어떤 것을 있는 그대로 잘 설명하기 위한 분석도 있고, 있는 그대로가 아닌 모형화를 시켜서 설명하는 분석도 있다. 또한 원인을 파악하기 위한 분석, 예측을 하기 위한 분석, 데이터 그 자체를 파악하기 위한 분석도 있다. 이처럼 다양한 데이터 분석이 있다 보니 "데이터 분석을 하자"는 똑같은 말을 주고받을 때도 말하는 사람과 듣는 사람이 서로 다른 생각을 한다. 이로 인해 커뮤니케이션 오류가 생겼다는 것조차도 모른다.

만약 오늘 회의에서 상사가 "데이터 분석을 정교하게 해서 우리 고객을 깊이 이해해야 한다"라고 말했다면 누가, 어떤 데이터로, 어떤 분석을 해야 할까? 얼핏 아무런 문제가 없어 보이는 저 말 안에 내포된 여러 오해의 소지를 최소화하고 넘어가야 한다. 도대체 무슨 목적으로 무슨 분석을 하자는 것인지 서로 확인해야 한다. 먼저 무엇을 이해하자는 말인가? 전체 고객의 성향? 최근 유입 고객의 성향? 인당 매출이 높은 고객의 성향? 또, 분석을 시작으로 해서 이루려는 근본적인 목적은 무엇인가? 고객 이탈 방지? 신규 고객 확보? 고객 만족도 증가?

데이터를 둘러싼 경영 활동의 특징 중 하나가 바로 이런 불명확성이다. 처음에 데이터 분석 니즈가 발현될 때도, 분석을 요청하거나 지시를 할 때도, 분석을 진행하면서도, 분석을 다 마쳐도 뭔가 개운하지가 않다. 완료된 분석이 잘 된 것인지, 그렇지 않은 것인지도 분명하지 않다.

왜 이럴까? 여러 가지 이유가 있겠지만, 모두들 데이터 분석이 어렵고 힘든 특정 기술의 영역이라고 생각하는 것도 중요한 이유일 것이다. 경영자건 중간 관리자건 실무자건, 데이터 분석이 전문 기술 영역이라고 생각하기 때문에 모두가 큰 틀의 필요성과 어렴풋한 방향만 얘기한다. 구체적으로 생각하지 않는 것이다. 그런 일은 데이터를 직접 보는 데이터 분석가들이 해야 할 일이라고 생각한다. 그래서는 안 된다. 직접 데이터를 만지고 분석하지 않더라도 어떤 목적으로 무슨 일을 하는지, 한 단계 더 내려와 구체적으로 생각하고 얘기해야 한다.

4장 '오해 속의 빅데이터'에서 빅데이터 분석이라는 말을 쓰지 말자고 했는데, 한발 더 나아가서 데이터 분석이라는 말도 가능하면 조금 더 구체적으로 표현하는 것이 바람직하다. 데이터 분석은 너무 포괄적이다. 예를 들면, "고객 데이터 분석을 하자"가 아니라, "고객 이탈 방지가 목적이다. 이를 위해 이탈 고객에 어떤 특성이 있는지 파악하자. 이탈 고객 예측 모델링이 가능한지 알아보자"라고 하는 것이다. 모호성을 최소화해야 한다. 모두가 다 직접 데이터를 들여다보고, 분석을 하고, 머신러닝 알고리즘을 알 필요는 없고, 그럴 수도 없다. 하지만 효율적인 데이터 활용을 위해서 자신의 위치와 업무 속에서 최선을 다해 모호함을 줄여나가고, 사실에 입각한 분명한 사고를 하는 태도는 꼭 필요하다. 진정한 데이터 활용은 어떤 대단한 것이 아니라 바로 그런 태도로부터 시작된다.

데이터 분석을 이렇게 목적 중심으로 구체화하는 것과 별도로, 데이터 분석의 종류를 서로 다르게 인식해서 커뮤니케이션 오류가 생기고 비용과 시간이 낭비되는 경우도 많다. 데이터 분석은 한 가지의 일이 아니다. 기업 현장에서는 보통 기술적 분석, 탐색적 분석, 예측 분석의 세 가지로 나누어 볼 수 있다. 머신러닝으로 하는 예측 분석은 앞에서 많이 살펴봤으니 기술적 분석과 탐색적 분석에 대해서 추가로 살펴본다.

기술적
분석

'서술한다, 묘사한다'는 의미의 descriptive. 한자로는 써서 기록한다는 기記, 펼쳐 서술한다는 술述로 표현한다. 기술적 분석은 분석 대상의 내용과 특징을 있는 그대로 열거하거나 기록하여 서술하는 분석이다. 데이터를 집계하고 계산하고 이해하기 좋도록 그래프로 표현하기도 한다. 월별 매출액, 고객 증감, 방문자 수, 설문조사 결과 분석 등이 여기에 해당한다. 현재 우리나라에서 행해지는 대부분의 분석이 기술적 분석이다. 경영활동에 있어 가장 기본이 되는 일이기에, 범위와 수준의 차이는 있어도 기술적 분석을 하지 않는 기업은 없다.

기술적 분석은 많은 경우 정기 업무화되어 있다. 그래서 습관적이고 관례적으로 단순 반복만 하기도 한다. 한번 정해진 관리 지표만 계속 관리하고 다른 관점으로는 잘 확장하지 않기도 한다. 한번 추가된 지표는 웬만해서는 다시 빠지지 않기 때문에 시간이 지날수록 분석 리포트가 담는 지표의 양이 점점 많아지기도 한다. 아무도 보지 않는 두꺼운 분석 리포트를 만들기 위해 여러 명이 주기적으로 노력과 시간을 낭비하기도 한다. 정기적이지 않은 기술적 분석도 많다. 특정 상황에 따라, 특정 필요에 따라 하는 기술적 분석이다.

정기적이건 비정기적이건 기술적 분석에서 유의해야 할 것이 있다. 그것은 모든 분석 과정에서 인간의 주관적 판단을 제외해야 한다는 것이다. 가정을 갖는 것은 좋으나 기술적 분석을 할 때는 주관성을 배제하고 오직 사실의 기술 그 자체에만 집중해야 한다. 데이터를 가지고 하는 일인데 다 사실인 것 아니냐고 할 수 있지만, 그렇지 않다. 기술적 분석도 사람의 주관이 개입할 수 있는 여지가 많다. 예를 들어, 과거 12개월간 매출액 추이를 나타내는 선형 그래프가 있다고 하자. 다행히 매월 매출이 성장해서 이 그래프는 우상향하고 있다고 하자. 그런데 만약 그래프의 작성자가 이 그래프의 우상향성이 더 크게 보이게 하고 싶다면, Y축의 단위를 줄이는 간단한 방법으로 그래프의 우상향 기울기를 크게 만들 수 있다. 반대로 조금씩만 증가하는 것처럼 보이게 만들려면 Y축 단위를 크게 늘려 그래프가 조금만 우상향하는 것처럼 만들 수도 있다.

특별히 어떤 의도를 띠지 않았을 때도 데이터 분석가의 자의적이고 주관적인 생각이 개입된다. 악의 없는 자의적 판단들이 최종 결과에 큰 영향을 미치는 것이다. 평균값을 어떻게 사용하느냐, 표준편차를 어떻게 고려하느냐, 비정상적으로 분포를 벗어난 이상치$_{outlier}$를 어떻게 처리하느냐, 일부 데이터가 빠진 결측치를 어떻게 처리하느냐 등 데이터 분석의 거의 모든 과정에서 분석하는 사람이 크고 작은 판단을 해야 한다. 이때 별생각 없이 잘못된 판단과 가정을 할 때가 아주 많다. 분석 과정의 단순 실수도 비일비재하다. 그래서 기술적 분석은 결과만 보고 해석해서는 안 된다. 분석과 활용에 관계된 모든 사람들이 항상 비판적인 시각을 가지고, 어떻게 이런 결과가 나왔는지 끊임없이 함께 검토해야 한다.

탐색적
분석

실무에서는 보통 EDA Exploratory Data Analytics 라고 하는 탐색적 분석은 형사가 수사를 하듯이 데이터를 탐색하는 것이다. 먼저 데이터 그 자체를 분석한다. 익숙하지 않은 데이터를 처음 접할 때 가장 먼저 하는 일이기도 하다. 무엇에 대한 데이터인가, 데이터가 어떤 구조로 어떻게 생겼는가, 양은 얼마나 되는가, 데이터가 제대로 저장되어 있는가 등을 본다. 그리고 데이터를 가지고 이렇게도 해보고 저렇게도 해보고, 이런 관점으로 보고 저런 관점으로 본다. 이런 과정을 '데이터를 가지고 논다'라고도 한다.

　　탐색적 분석은 인간이 무엇인가를 찾고 이해하려는 과정이다 보니, 인간이 이해하기 좋도록 데이터를 그래프화하는 일이 많다. 그래프를 그려 눈으로 보면서 감을 잡는 것이다. 그래서 탐색적 데이터 분석 결과 리포트에는 여러 형태의 그림이 담긴다. 이렇게 해나가다 보면 그 데이터로 할 수 있는 여러 가지가 보이기 시작한다. 아이디어, 가설, 방안 같은 것들을 얻게 된다. 탐색적 분석의 진짜 목적이 바로 이것이다. 탐색적 분석은 앞으로 본격적으로 분석을 해볼 가설을 찾기 위해 하는 것이다. 그리고 그 가설들을 데이터로 검증해보는 과정이다. 이렇게 탐색적 분석은 아이디어와 관점을 발굴하는 일이기 때문에 유연한 사고와 창의성이 아주 중요하다.

탐색적 분석은 처음에는 막막할 수도 있는데 하다 보면 아주 재미있다. 그런데 탐색적 데이터 분석에서 주의해야 할 점이 바로 '재미'다. 탐색적 분석을 할 때 스스로를 제어하지 못하면 데이터 분석 행위 그 자체에 빠져드는 경우가 종종 있다. 이 일이 왜 시작되었는지, 지금 어디에 와 있는지, 앞으로 어디를 향해 가고 있는지 등 분석 업무의 방향을 잃었는데 정작 자신은 방향을 잃었는지도 모른다. 그저 데이터를 보고 또 볼 뿐이다. 무언가 열심히 하는 것 같다. 실제로 나온 결과들을 모으면 두꺼운 리포트도 만들어낼 만하다. 해놓고 보니 뿌듯하고 잘한 것 같다. 분석가와 현업 담당자들이 모여 탐색적 분석 결과를 공유한다. 재미있고 즐거운 시간이다. 일부 흥미로운 결과에 다 함께 박수를 치며 좋아한다. 함께 보며 같이 생각하니 분석 아이디어가 더 많이 나온다. 그래서 또 분석을 한다. 1주일이 가고 2주일이 가고 한 달이 간다. 또 만난다. 분석해보고 싶은 것이 또 나왔다. 그렇게 몇 달이 지난다. 하지만 실제로 업무에는 어떠한 변화도 생기지 않는다. 실질적인 변화는 작은 시도조차 시작되지 않았다. 탐색적 분석은 이와 같이 분석을 위한 분석에 빠져들기가 쉽다.

이렇게 되지 않기 위해 명확한 분석 범위와 방향을 정하면 어떻게 될까? 그러면 또 탐색적 분석의 원래 목적을 달성하지 못할 수가 있다. 탐색적 분석은 자유롭게 창의적으로 봐야 하는데 강하게 벽을 쳐놓으면 탐색을 잘 할 수가 없다. 그래서 이 탐색적 분석이 어렵다. 좋은 가설과 관점을 찾아내는 원래의 분석 행위 자체도 어렵지만, 분석의 범위와 방향을 조절하는 것이 어렵다. 제일 좋은 방법은 여러 사람들이 같이하는 것이다. 다 같이 데이터를 분석하라는 것이 아니고, 각기 다른 역할들을 해주는 것이다. 주위에서 일부러 비판적으로 보는 역할, 목적과 방향을 계속 상기시켜 주는 역할, 다른 관점의 시각을 보태 주는 역할 등을 같이하는 것이 좋다. 이를 위해서는 분석 결과를 부담 없이 공개하고 의견을 나눌 수 있는 분위기가 중요하다. 내용에 대한 비판이 결과를 더 좋게 만들기 위함이지 분석한 사람을 비판하는 것이 아니어야 한다. 그래서 탐색적 분석이 잘 되려면 기업 문화가 중요하다.

안타깝게도 우리나라 기업의 탐색적 분석 역량은 높지 않다. 아직은 많은 분석가들의 지식과 경험이 주로 통계나 컴퓨터와 같은 이공계 분야에 한정되어 있고, 다양한 사고와 창의성도 부족한 편이다. 자유로운 탐색적 분석을 할 기회도 많지 않다. 또한 협업보다는 경쟁 위주의 기업 문화 그리고 경직된 평가 제도는 그나마 잠재되어 있는 창의성조차 발휘할 수 없도록 방해한다.

진정한
데이터 활용

혹시 회사에 데이터 분석을 전문으로 하는 부서가 있다면 어느 정도

규모가 있는 회사일 것이다. 규모가 그리 크지 않은 회사인데도 데이터 전문 부서 혹은 데이터 분석 담당자가 있다면 경영진이 데이터 활용에 관심이 많고 경쟁자들에 비해 데이터 활용을 더 잘하고 있을 것이다. 그런데 우리 기업 내 데이터 분석가가 하는 일의 대부분은 과거에 발생한 데이터를 바탕으로 현상을 표현하고 설명하는 기술적 분석이다. 정기적인 리포트 산출이 기본적인 업무이고, 많은 경우 BI_{Business} _{Intelligence} 솔루션을 사용해서 업무를 하며, 대부분의 업무가 정형화되어 있다. 그리고 데이터 추출 업무도 많다. 어떤 수치나 데이터를 뽑아 달라는 요청이 많기 때문이다.

그래서 대부분의 데이터 분석 부서의 업무 결과물은 데이터 분석 리포트 아니면 데이터베이스에서 추출한 데이터다. 그저 궁금해서 한번 보자고 요청하는 경우도 많아서 들어간 노력에 비해서 행위의 결과가 가시적인 사업 성과로 이어지는 경우는 별로 없다. 현업의 요청이나 상사의 지시를 받고 몇 주 동안 분석을 해서 보고를 했는데, "재미있게 잘 봤습니다. 수고하셨습니다"라고 한 후 그것으로 끝나는 경우도 흔하다. 만약 이미 가지고 있는 결론에 반하는 데이터 분석 결과가 나왔다면 그 분석 결과는 조용히 없어질 뿐이다. 시스템과 인적 자원을 낭비하고 더 의미 있는 일을 시도할 기회를 뺏는다는 측면에서 아주 많이 과장하면 데이터 분석은 어떤 경우에는 모럴 해저드_{moral} _{hazard}(도덕적 해이)의 가능성까지도 내포하고 있다.

이 책에서 반복적으로 계속 주장했듯이, 인간의 경험과 거친 직관 그리고 판단 범위 안에서만 이루어지는 데이터 활용에서는 이런 안타까운 상황이 계속 생길 수밖에 없다. 이제 그런 단계를 넘어서 인공지능을 활용하는 좀 더 발전된 데이터 활용의 영역으로, 그리고 데이터 분석만이 아니라 데이터에서 실질적인 가치를 만들어 업무에 직접적으로 사용하는 적극적 데이터 활용 단계로 빨리 이동해야 한다.

이런 진정한 데이터 활용을 위해서는 가장 먼저 조직 문화를 점검해야 한다. 조직 내에 건설적인 의견들이 쉽게 제시되고 새로운 시도를 자유롭게 할 수 있는 문화를 만들어야 한다. 기업에서 인공지능을 제대로 활용하기 위해 기술보다 더 중요한 것은 조직의 방향 및 목표 설정 그리고 변화 관리이기 때문이다. 이것이 가장 중요한 부분이기에 마지막으로 앞서 5장 '결국은 변화 관리'에서 했던 말을 한 번 더 반복한다.

"인공지능과 머신러닝의 활용, 데이터 드리븐 비즈니스는 데이터 기반 변화 관리의 다른 이름일 뿐이다."

저는 20여 년 동안 인터넷·모바일 서비스, 솔루션, 교육, 이동통신 등
의 분야에서 일했습니다. 서비스 기획자로서, 마케터로서, 분석가로서
다양한 경험을 많이 했습니다. 또한 데이터 사이언티스트 그룹의 리더
로서 머신러닝을 비롯한 최신 데이터 기술을 실제 사업 현장에 적용하
는 수많은 프로젝트를 진행했고, 지금도 하고 있습니다.

사업 현장과 기술 연구 양쪽 모두에서 일한 것은 흔하지 않은
경험이고, 인공지능을 현업에 적용하는 일은 남들보다 조금 빠른 경험
입니다. 이 과정에서 다양한 형태의 수많은 성공과 실패를 경험했고
여러 노하우를 얻었습니다. 지금 알고 있는 것보다 앞으로 다가올, 제
가 모르는 것들이 더 많다는 것도 깊이 깨닫게 됐습니다.

그 과정에서 얻게 된 인사이트들을 함께 나누고 싶었습니다. 양

쪽 경험을 통해 얻게 된 제 나름의 시각과 조금 먼저 겪은 여러 성공과 시행착오를 전하고 싶었습니다. 데이터 사이언스를 실무에 적용하면서 저 스스로가 너무나 즐겁고 행복하기 때문에 이 행복을 다른 사람들도 느꼈으면 하는 순수한 마음에서 이 책이 시작되었습니다. 지금과 같은 중요한 혁명적 변화 속에서 독자 여러분이 멋진 기회를 찾는 데 이 책이 작은 도움이라도 되길 진심으로 바랍니다.

제 원고의 가치를 가장 먼저 알아봐 주시고, 많은 수고를 통해 책으로 만들어주신 김세원 팀장님, 감사합니다. 교정, 디자인 등 여러 가지로 수고해주신 여러분께 감사합니다. 여러분과 같은 수준 높은 전문가들과 함께한 것은 행운이었습니다.

저의 경력에서 중요한 순간마다 좋은 기회를 제공해주신 선배님들께 감사합니다. 과거와 현재의 제 동료들과 팀원들께 감사합니다. 최근 몇 년간 저와 함께하셨던 분들에게 특히 더 감사합니다. 저와 생각의 차이가 있었던 분들에게도 감사합니다. 여러분을 통해 제 한계를 뛰어넘는 더 많은 것을 배울 수 있었습니다.

낳고 길러주시고 언제나 성원해주시는 아버지와 어머니, 감사합니다. 그 믿음이 큰 힘이 됩니다. 가까운 곳에서 정성으로 지켜봐 주시는 장인어른과 장모님, 감사합니다. 바쁘다는 핑계로 많은 시간을 함께하지 못했던 재웅과 다은에게도 고마운 마음을 전합니다. 마지막으로, 언제나 저를 지지해주는 제 힘의 원천인 사랑하는 아내 박민선에게 깊은 감사의 마음을 전합니다.

2018년 1월

정도희

인공지능 시대의

누가 AI 환경을 지배할 것인가!

비즈니스 //// 전략

초판 발행 | 2018년 1월 23일
초판 5쇄 발행 | 2021년 3월 3일

지은이 · 정도희
발행인 · 이종원
발행처 · (주) 도서출판 길벗
브랜드 · 더퀘스트
주소 · 서울시 마포구 월드컵로 10길 56 (서교동)
대표전화 · 02) 332-0931 | **팩스** · 02) 322-0586
출판사 등록일 · 1990년 12월 24일
홈페이지 · www.gilbut.co.kr | **이메일** · gilbut@gilbut.co.kr

기획 및 책임편집 · 김세원 (gim@gilbut.co.kr) | **본문디자인** · 강은경 | **제작** · 이준호, 손일순, 이진혁
마케팅 · 정경원, 최명주, 김진영, 장세진 | **영업관리** · 김명자 | **독자지원** · 송혜란, 정은주

CTP 출력 및 인쇄 · 예림인쇄 | **제본** · 신정제책

ISBN 979-11-6050-397-5 03320
(길벗 도서번호 090123)

정가 : 16,500원

독자의 1초까지 아껴주는 정성 길벗출판사

(주)도서출판 길벗 | IT실용, IT/일반 수험서, 경제경영, 더퀘스트(인문교양&비즈니스), 취미실용, 자녀교육 www.gilbut.co.kr
길벗이지톡 | 어학단행본, 어학수험서 www.gilbut.co.kr
길벗스쿨 | 국어학습, 수학학습, 어린이교양, 주니어 어학학습, 교과서 www.gilbutschool.co.kr

이 도서의 국립중앙도서관 출판예정도서목록(CIP)은 서지정보유통지원시스템 홈페이지(http://seoji.nl.go.kr)와 국가자료공동목록시스템(http://www.nl.go.kr/kolisnet)에서 이용하실 수 있습니다. (CIP제어번호: CIP2018000174)